跨文化背景下英语翻译理论研究与实践探索

唐 昊 徐剑波 李 昶◎著

吉林人民出版社

图书在版编目 (CIP) 数据

跨文化背景下英语翻译理论研究与实践探索 / 唐昊，徐剑波，李昶著. -- 长春：吉林人民出版社，2020.8
ISBN 978-7-206-17482-7

Ⅰ. ①跨… Ⅱ. ①唐… ②徐… ③李… Ⅲ. ①英语－翻译－研究 Ⅳ. ① H315.9

中国版本图书馆 CIP 数据核字 (2020) 第 161331 号

跨文化背景下英语翻译理论研究与实践探索
KUA WENHUA BEIJING XIA YINGYU FANYI LILUN YANJIU YU SHIJIAN TANSUO

著　　者：唐　昊　徐剑波　李　昶
责任编辑：赵梁爽　　封面设计：陈富志
吉林人民出版社出版 发行（长春市人民大街 7548 号） 邮政编码：130022
印　　刷：定州启航印刷有限公司
开　　本：710mm × 1000mm　　1/16
印　　张：11.75　　字　　数：244 千字
标准书号：ISBN 978-7-206-17482-7
版　　次：2020 年 8 月第 1 版　　印　　次：2020 年 8 月第 1 次印刷
定　　价：58.00 元

前言 Preface

进入21世纪以来，世界经济一体化的趋势不断加强，国家、民族之间的接触和交往日益频繁，人们越来越注重与世界接轨。所以，学习和掌握一门甚至多门外语成了人们努力的方向。互联网时代交流的便捷性更加促进了不同文化之间的渗透、交流乃至碰撞与冲突，各种文化间的对话与融合问题日益凸显。而作为文化交流的介质，语言翻译的作用及意义更为突出。

随着科学技术及经济的快速发展，全球化已成为不可抗拒的历史潮流。这种趋势在进入21世纪以后表现得尤为明显。来自不同文化背景的人们之间的交往日益频繁，跨文化交际越来越普遍，这已经成为21世纪最为显著的特色之一。如何接纳不同文化、理解多元文化，如何在面对不同文化时客观地思考问题、思考文化的差异与本质，是我们必须面对的问题。

英语作为一种国际交流语言，在日常国际交往与合作中起着重要的作用。英语翻译是在一定文化背景条件下进行的语言转换的形式。语言作为一种交流形式，蕴含于文化之中，而语言的发展也融合于文化的发展之中。研究语言的差异，特别是源语文化和译语文化之间的文化背景、社会历史背景、生活习惯、宗教信仰和思维方式的差异，探究在翻译过程中英语语言特性及跨文化的理论差异，借助分析英语翻译理论来探寻最有效的英语翻译方法，自然是必不可少且非常重要的一项工作。

语言是文化的载体，是文化的重要组成部分。文化要通过语言来交流和传承，而语言只能依附于某种特定的文化而存在。在对语言与文化二者关系的研究过程中，逐渐产生了一门新的学科——跨文化交际学。讨论翻译必须探讨语言与文化的关系，必须研究不同文化之间的差异。既然任何语言文本都不可能脱离文化背景而存在，那么翻译也必然不仅和语言有关，还和文化有关。

基于此，在翻译理论的指导下，本书首先系统地阐述了翻译的基础理论，主要涉及翻译的内涵、翻译学的发展及取向流派之争、译者的素质条件和中西方翻译理论的发展概况；其次从多个维度论述了国内应用广泛的主要翻译理论，包括生态翻译学理论、功能翻译理论、隐喻翻译理论等；再次进一步探究了翻译发展的具体策略及新时代翻译教学的主要问题；最后介绍了中英文化差异及跨文化交际与英语教学的研究，阐述了跨文化翻译策略，以及在具体的英语翻译实践（商务文体、文学作品）中的应用。

本书在阐述语言学与翻译理论的基础上，对翻译理论流派及其主要观点做了进一步分析。同时，本书还基于翻译学角度将理论与实践相结合，对英语翻译的一系列注意事项进行了具体的解读，深入分析了多个领域的语言特色与翻译策略，并进行了具体的翻译实践。

唐　昊　徐剑波　李　昶

2020 年 6 月

目录 Contents

第一章　翻译研究综述

众所周知，自从人类有了因民族而异的各种语言之后，翻译就应运而生。古往今来，翻译成了各国各民族交流的主要桥梁，不可或缺，可以说凡有表述的内容，就必有翻译存在。翻译为世界上不同民族之间的交流提供了有效的途径。通过翻译，不同民族之间可以相互了解对方的思想及做事的方法，向外展示本民族的优秀文化，同时也可以吸收其他民族的文化成果。

第一节　翻译的界定标准与审美

一、翻译的界定与通用标准

（一）翻译的内涵

从广义的角度来看，翻译是指两种语言之间，还有语言和非语言之间的基本信息的传达及代码的转换。例如英语和汉语之间的相互转换，语言和声音、手势语之间的相互转换。

从狭义的角度来看，翻译是以克服语言障碍、转变语言形式来实现意思交流的一种跨文化的交际手段，是一种语言和另一种语言相互交流的活动。翻译是我们把一种语言所要表达的内容用另外一种语言的形式表达出来，是一种形式上的转换和意义上的传递。

从“翻译”的定义来看，翻译即为言语的转换，目的是使读者能够理解源语的含义。《新华字典》将其解释为“将一种语文的内容形式依照原来的意义改变成另一种语文的形式”；《现代汉语词典》将其解释为“把一种语言文字的意义转化成另一种语言文字并将其意义表达出来”。翻译所要表达的基本含义有两个：一是翻译是以忠实于原作为目的来进行的行动；二是翻译是两种语言之间互换的活动。

此外，我国的范仲英教授曾提出：“翻译是人类交流思想过程中沟通不同语言的桥梁，使通晓不同语言的人能通过原文的重新表达而进行思想交流。翻译是把一种语言（源语）的信息用另一种语言（译语）表达出来，使译文读者能得到原作者所表达的思想，得到与原文读者大致相同的感受。”

国外，费道罗夫认为：“翻译是用一种语言手段忠实、全面地表达另一种语言表达的东西。”奈达认为：“翻译是在接受语中寻找和源语信息尽可能接近的、自然的对等话语。”所有这些都道出了翻译的本质，即忠实地传达原意。因为语言不仅仅是交流的工具，还是文化的载体，它本身也有意义，所以把翻译当成一个过滤装置，一经翻译只存意义，滤出语言形式（表达手段）的做法往往会使我们失去很多有价值的东西。

（二）翻译的通用标准

关于翻译的标准，可谓众说纷纭。其中，国内译界流传、遵循最广的翻译标准，至今仍是清末翻译家严复提出的“信、达、雅”三字说：“信”指应用原作内容，取信于读者；“达”指译文酣畅地道，为译文读者喜闻乐见；“雅”强调译语包装，增强译文的可读性。这实际就是从本质上肯定了翻译的第一要义。

二、翻译的审美

（一）翻译审美的原则

关于翻译的原则也有很多论述，笔者这里只想强调以下两点：

一是必须确立翻译审美标准的相对性。不能简单地把一种语系之间的转换规律说成是另外一种语系之间的转换规律。语系转换规律具有相对适应性，因此，审美标准也要具有相对性。例如同一语系之间的双语转换可以容许有较多模拟式的形式美，而不同语系间的双语转换则应努力探求对应式或重建式的形式美。这点是针对当下理论界的“唯洋派”而说的。

二是必须确立翻译审美标准的依附性。翻译不是创作，不能不顾原文一味臆造，因此，译者必须选择与原文审美构成相适应的审美再现手段。这点是针对当下理论界的“译者主体性”“译作自创论”而说的。

（二）翻译审美的方法

一是模拟，即按照原文的语言形式美和文章气质美模仿复制译文。

二是对应，要求译者善于捕捉原文模糊性审美构成，还必须对目的语具有较强的审美意识，能在目的语中找到与原文的美相对应的表达方式。

三是重建，是高层次的审美再现手段，前提是审美主体必须充分发挥自己的审美功能，完全进入“化境”，才能对原文的美重新加以塑造。

第二节　翻译学的发展及流派

一、翻译学的概念界定

在整个人类历史中，口笔译在人际交流中一直起着举足轻重的作用，至少在传达重要的学术和宗教文献方面是如此。随着国际贸易的不断增长，翻译的重要性也越发凸显出来。据统计，截至 2008 年，仅欧盟（每年）的口笔译交易额总值就达 57 亿欧元。[①] 然而，翻译研究成为一门学科则是 20 世纪下半叶的事情。在语言学界，这一学科现在被称为“翻译学”（translation studies）。这一切要归功于荷兰的美籍学者詹姆斯·霍姆斯（James Holmes）。他确定了翻译研究的两大目标：一是描写从我们的经验世界里表现出来的有关翻译过程和翻译作品的各种现象；二是确立一些普遍原理，以描写和预测上述现象。

霍姆斯将翻译学分为应用翻译学研究和纯翻译研究两大类。他在 1972 年发表的论文具有非常重要的意义，为翻译学划定了界限，但该文直到 1988 年才为人们所熟悉。霍姆斯认为，当时刚刚诞生的翻译学科主要关注的是“围绕翻译活动和翻译作品的各种复杂问题”。

1995 年，玛丽·斯奈尔－霍恩比（Mary Snell-Homby）的专著《翻译研究：综合法》（*Translation Studies*：*An Integrated Approach*）第二版出版。在序言中，她已经提到“翻译学作为一个完全独立的学科所取得的惊人的发

① 语言技术中心有限公司 2009 年发表的关于欧盟语言行业规模的报告（*Study on the size of the language induetry in the EU*），该报告是为欧盟翻译总司（Direneral for Translation of the European Commission）制作的。

展”，以及对此学科在“国际范围内所进行的广泛的讨论”。

蒙娜·贝克（Mona Baker）在首版《翻译研究百科全书》的引言中，花了大量的篇幅讨论“这一令人振奋的、或许是整个20世纪90年代唯一的新兴学科”，认为这一学科内涵丰富，将众多较为传统的研究领域的学者聚到了一起。

2008年，再版的《翻译研究百科全书》便已反映了该学科所发生的巨大变化，并评述了“学科关注的一些新问题，所呈现出的越来越明显的多学科性趋势，以及在摆脱其欧洲中心学院排外特点的同时并未背离过去数十年所取得的成就”。

二、翻译学的发展阶段

（一）翻译学发展的第一阶段

乔姆斯基的生成转换语法和翻译语言学，对翻译学发展的第一阶段具有重大影响，它们共同的基础是结构主义语言学。

1. 生成转换语法——普遍性要素研究和翻译

可译性的讨论基于对语言与思维关系这一基本问题的不同认识。乔姆斯基的生成转换语法研究也涉及这一基本问题，由其引发的结构语义学（structural semantics）又将普遍的语义要素引入结构主义的语言理论。这是对现代翻译研究影响很大的理论之一。

生成转换语法有两对重要的概念：说明语言双重性的概念和说明语言使用者能力的概念。

（1）说明语言双重性的概念，包括深层结构（deep structure）和表层结构（surface structure）。

深层结构表示一句话在所有语言中共通的语义内容；表层结构表示经过转换规则，体现在各种语言中的同样语义内容的不同形式结构。深层结构和表层结构的概念、它们之间的转换规则和结构语义学，似乎为语言的可译性提供了理论基础：一种语言的表层结构可以通过源语转换规则的分析，回归为所有语言共通的深层（语义）结构，再通过译语转换规则的综合，生成译语的表层结构。生成转换语法理论甚至推动了计算机辅助翻译的模式化研究，激发起研究者们用机器翻译取代人工翻译的梦想（最早的研究始于1945年，但主要在20世纪60年代），但这种尝试最后以失败告终。

（2）说明语言使用者能力的概念，包括语言能力（competence）和言语能力（performance）。

语言能力是指人类普遍具备的、理想的、已内化的规则和以有限语音和词汇为基础的语言知识。言语能力是指基于主观经验、受社会文化制约、在语言知识的基础上无限“生成”正确语句的语言运用能力。

生成转换语法和普遍性要素研究没有为翻译学带来更多成果的原因主要有以下几个方面：

（1）这些研究虽然克服了早期结构主义的某些缺陷，但其主要研究对象仍然是语言的系统结构和语言能力；语言的运用（即言语能力）的研究仅扮演了极次要的角色；语言的交际功能几乎没有被考虑。

（2）把翻译仅仅理解为按照既定规则进行的译码过程，是导致计算机翻译模式化研究失败的直接原因。

（3）乔姆斯基对语言深层结构的句法描述，以及之后的结构语义学又将普遍的语义要素引入结构主义的语言理论，在很大程度上都是针对以英语为主的西方语言的研究，因此在汉语研究上遇到了很多障碍。迄今为止，并没有得出各种语言共通的普遍认可的深层结构模式。

尽管如此，结构主义语言学和生成转换语法、普遍性要素的研究和机器翻译可行性的研究对翻译学的发展还是带来了不可忽视的重要影响。机器翻译的理论和应用研究在早期的完全替代人工翻译的梦想破灭之后，仍在继续发展，但它不再是对人工翻译的威胁，而是一种极有用的新辅助手段。对机译文本的预处理（pre-editing）和后处理（post-editing）为人工翻译开辟了新的工作领域。

2. 翻译语言学——等值理论

以翻译语言学（translation linguistics）为导向的翻译学，力图以语言学的手段描述源语及其与译语的关系。它认为，翻译是对信息的解读，这种信息由信息“发出者”用源语编码发出，由译者接收并转换为译语编码之后发送给译语“接收者”。此过程中，信息内容不变，这一内容的“不变量”（invariance）作为源语语段和译语语段之间可比较的第三者（tertium comparationis），是评判翻译质量的决定性的标准。其翻译的可能性基于各个双语的最小片段之间潜在的“等值关系”或“等价关系”（equivalence），翻译时它们可以互相替代，被称为“最小翻译单元”。可以说，等值理论是翻译语言学的中心概念。

翻译语言学极其重视对这种双语之间潜在的“等值体”的描写和分类研究，使其在一段时期内与对比语言学（contrastive linguistics）异曲同工，虽然出发点不同，但研究内容和方法相似。

翻译语言学研究从语料分析（corpus analysis）入手，即寻找源语的元素与其公开发表的译语中的对应体。这种主要为演绎式的研究（stylistique compare）得出了一系列潜在的词汇及句法等值体的对照清单。这些成果常常成为传统翻译教学的主要内容和评价翻译质量的主要标准。

等值理论最初涉及的等值层面主要包括词汇意义等值和语法形式等值，并概括出四种等值体的对应关系，即一对一、一对多、多对一、一对零的对应关系。

坚持翻译语言学方向的学者面对早期模式（最小翻译单元的等值）的缺陷，对等值体的概念进行了修正和细化，提出了不同语言层面的等值要求，从概念义等值、附加义等值、语篇规范等值、语用义等值直至美学形式等值。但是在实际翻译过程中，要在各个层次上都实现等值是不可能的，同时人人都明白，实际翻译中存在着大量“不对等”的翻译。对于在不能同时全面顾及不同层次的“等值”关系时，以什么原则来确定翻译的方法、如何解释“不对等”的翻译现象等问题，等值理论没有给予满意的回答。

翻译语言学存在的问题如下：

（1）翻译语言学仅仅注意到翻译的结果（译文），没有注意到翻译的过程。

（2）以记录、描写方法获得的“等值体”对照清单，成为教科书上要求遵循的、规范式的“翻译规则”和“翻译技巧”，实际上却混淆和抹杀了语言（language）和言语（parole）的区别。因为潜在的等值体属于语言系统层次，而译者却始终是在和言语（即语言系统在具体语篇中的实际运用）打交道。

（3）现实中经常能见到同一源语语篇的若干种相互“不等值”但均被普遍认可的译语版本，就很难用这种语言的规范系统来解释，更不用说来论证了。几乎所有的译者在无法进行逐词翻译时，就会毫不犹豫地抛开翻译教科书提供的“标准译法”，即潜在的等值体，而采用大相径庭的其他翻译方法。

（4）即便是同一个翻译任务，不同的译者对源文的理解、对译文读者的估量和个人的翻译水平（不仅是语言水平）等各个方面也肯定有所不同。这些不同自然会反映在翻译的结果上。

（5）仅针对“翻译单元”的切分而言，因为翻译教科书一般不考虑整个语篇，更不考虑具体的翻译任务要求和读者群体的期待，所以教科书提供的做法可能与实际翻译工作中的做法完全不同。

3. **翻译理论的转向**

为了找到翻译语言学无法给出的答案，翻译学研究开始逐步转向强调语用、功能、过程、语篇研究的新方向，逐步脱离结构主义语言学的规范化的等值要求，这也是大势所趋。

维尔斯虽然仍在语言学的基础上研究翻译，但大大超出了传统的翻译研究领域。他于 1980 年提出“与翻译相关的语篇语言学”的任务是通过“语篇表层的语言学分析，从语篇语义、语篇功能和语篇语用等方面重构语篇形成的条件，以此作为前提，去发展具有不同语篇种类特点的翻译方法论”。

美国圣经翻译家奈达的研究成果为克服翻译语言学的众多缺陷做出了很大的贡献。从 1964 年起，他就认为翻译是一个分析、转换和综合的过程，这就意味着应当首先在意义上、其次在风格上尽可能自然地用译语产生出源语信息（而不是语言）的等值体。

因此，译者的座右铭应当是：实现面向接受者的源语语篇和译语语篇之间动态的等值。用功能翻译学的术语可以称为功能等值。

因为不同语言具有不同特点，所以源语语篇和译语语篇在语言形式上不可能完全一致，最佳的情况是达到功能的一致。这就要求译者在翻译时注意应优先考虑什么，场景和动态的一致比词句和形式的一致更重要，照顾译语接受者的文化比模仿源语文化更重要。在这个意义上，奈达可以算是后来产生的功能翻译学的先驱。

奈达的研究成果对于现代翻译学的发展具有重大意义。当然，他在清晰说明语篇整体和具体“翻译单元”的关系方面做得还不算成功，也没有彻底摘掉套在“等值体”概念上的神秘光环。他虽然强调了动态或功能，但仍然在讲“对等”，仍然没有摆脱“等值理论”的范式。

奈达的专长是圣经翻译，目的是最好地完成教会传播圣经的任务，需要将读者的易接受性放在首位，因此追求译语语篇与源语语篇的功能等值（动态等值）是很自然的。他还没有意识到，译语语篇与源语语篇功能相异的翻译也可能是重要且“合理合法”的翻译类型。

无论如何，奈达考虑到了译语的文化背景，因而在实际上考虑到了译者本人，同时他考虑到译文的目的，因此也考虑到了译文的接受者。所以，虽然他没有完全克服，但至少冲破了语言学对翻译理解的束缚。

（二）翻译学发展的第二阶段

20 世纪的最后 20 年，翻译理论和翻译学逐步剪断了与语言学相连的脐带，成为独立的学科，而不再是语言学众多分支中的一支。国际上产生了不同的翻译新理论，为功能翻译学的最终诞生奠定了基础。

1. 翻译学的语篇语言学和语用学

在奈达之后，翻译学研究与语篇语言学（也称篇章语言学）研究几乎同步发展，既更重视语篇及其特征的研究，也重视与翻译者相关的研究。赖斯、梯尔及后来的诺德和贺尼西的有关语篇类型和语篇分析的研究成果，都给我们带来了重要的启示。

处在发展中的言语行为理论带来了对交际功能和语言形式相互关系的新认识。受其影响，翻译学领域发生了“语用学转向”：此时，除了语言和语篇的因素之外的在各个场景中的语言行为者，即语篇作者、译者、语篇接受者都进入了科学考察的视野。翻译实践家早就知道的（至少是揣摩到的）东西现在也得到了翻译学的承认：译语语篇的场景适宜性比源语和译语在词汇、句法以至形式上的等值更重要。

豪斯认为：“作为研究语言运用的语言学分支，语用学研究语言使用者在具体场景中以整体经验为基础的语言运用的条件。语用的理论，即与场景和语言运用相关的语言理论对于翻译理论来说特别重要，它将翻译首先看作实践活动。具体地说，是运用语言的行为，是（可以一般化、约定俗成的）言语事件，是（更倾向于个体化的、心理语言学的）言语能力。关于翻译的这种观点，主要以莱比锡学派，尤其以诺易伯特为代表。”

贺尼西和库斯茅尔在 1982 年即对这种翻译的语用观点做了很有说服力的阐述，出发点是把翻译看成“译者和可确定的接受者之间的、受语篇约束的交际”，突出了语篇的交际功能。

翻译学的语篇语言学和语用学的最大贡献是将语篇与接受者的关系划分为四种基本的语用类型。这种划分得到实际翻译工作者的热烈赞同，因为这符合他们自己的职业经验。这四种基本类型如下所述。

（1）源语语篇和译语语篇所面向的接受者基本相同（如阅读专业语篇的专业读者），也就是说，源语语篇和译语语篇的朝向一致。在这种情况下，译语语篇自然容易最佳地适应译语接受者的期待。

（2）源语语篇是专为源语的交际群体写的（如国内政策报道），也就是说，源语语篇面向源语的接受者。这样的语篇如果要翻译出来，无论如何都会使译语语篇的读者感觉陌生，除非通过变通或补充使之接近第一种类型。

（3）源语语篇主要面向源语接受者，潜在地也面向译语接受者（如畅销书）。这类语篇的翻译一部分按照第一种类型处理，另一部分按照第二种类型处理。

（4）源语语篇直接面向译语接受者，因为它本来就是为译语接受者拟就的（如某些广告语篇和所有为口译拟定的语篇）。这些语篇可以被称为“信息的建议”，可以由译者自由调整和利用，以期在译语语篇中实现应有的功能。

2. 描写翻译学

描写翻译学是指 20 世纪 70 年代出现的所谓操控学派的描写式翻译研究，也是翻译新理论之一。该理论强调译语语篇的重要性，坚决反对语言学对翻译的束缚（主要反对“等值”的要求），并反对翻译理论的标准化和规范化倾向。当然，该理论的研究主要集中在文学翻译上。

描写式翻译研究也预示了功能翻译学的主要特征：强调译语文化和语言的交际群体，译语语篇的功能要在它们之中实现，要为了它们而实现。描写翻译学认为，为了语篇功能的实现，必然或多或少地要对源语语篇进行操控，并提出一个论断：“能够由译语的交际群体作为译文接受的每一语篇，都与源语语篇处于某种等值关系之中。”这种说法实际上是不再把传统的等值概念当作翻译学的中心概念。

3. 跨学科的研究

20 世纪最后 20 年的翻译学具有跨学科发展的倾向，最著名的是斯奈尔·霍恩比于 1988 年提出的层级模式（stratification model）。斯奈尔·霍恩比还将菲尔默的场景与框架理论引进了翻译学研究，由此引发了翻译学的“认知学转向”。

斯奈尔·霍恩比的层级模式绝不是提倡规范化、标准化。这种模式的本质是描写式的，因为只有这样才能适当地把握翻译的多面性的本质。这种将翻译学视为“交叉学科”（interdiscipline）的观点认为，翻译作为具体交际场景中的具体行为总是受到多重的、互补的制约。翻译完全不是一种单质的现象，对翻译的研究可以而且应当引入不同的学科。

从这种观察角度来看，因为翻译是跨文化的交际，所以文化的概念所获得的地位比在以往的翻译语言学论述中重要得多。通过细致地考察源语语篇和译语语篇的场景框架，以及由此而得出的译语语篇的功能定位，源语语篇和译语语篇建立起新的相互关系。“神圣的原文”终于被摘掉了桂冠。

4. 功能翻译学

翻译的目的或功能成了一种与跨学科层级模式大约同时产生的新翻译理论关注的中心——赖斯和费尔梅尔的目的论，即功能翻译学——关注中心。

赖斯和费尔梅尔论述功能翻译学的著作名为《普通翻译学基础》。他们认为找到了能说明所有翻译种类的“普适理论”。实际上，功能翻译学是对从奈达以来的众多研究成果的综合。

功能翻译学将翻译定义为译者（译者应有的重要性终于在这里得到了承认）复杂的（即不仅是语言的）、跨文化交际的行为。翻译的目的是根据翻译任务的不同，在源语语篇和译语语篇之间建立功能的一致性或功能的相异性。翻译的质量不应以对源语语篇的忠实度来衡量，而是以译语语篇的功能适宜性来衡量。

奈达已经在译语语篇的功能问题上提出了与功能翻译学类似的观点。虽然他只谈了一致的功能，未涉及相异的功能，但在他从事的《圣经》翻译事业中，译语语篇功能适宜性主要体现为源语语篇和译语语篇之间功能的一致性。贺尼西和库斯茅尔、从事描写翻译研究的学者及莱比锡学派的“语用学派”都已经将其当作论述翻译问题的前提条件。

功能翻译学的研究对象包括所有的广义及狭义的翻译种类，这意味着所有类型的“加工和处理”都可能是“具有充分价值的翻译”。引人注目的是，这种对传统翻译概念的扩展获得了翻译实践家的真心赞同，而部分理论家尚持有异议。

费尔梅尔和他的学生发表了一大批进一步细化功能翻译学的论文，其中一部分也引起了热烈的讨论。这并不奇怪，因为功能翻译学本质上是对从奈达以来，包括贺尼西和库斯茅尔、诺易伯特、卡德、斯奈尔·霍恩比直至威尔斯等学者众多研究成果的综合。

功能翻译学理论很快得到了其他翻译学家的支持和补充。这些研究更多面向实践、面向应用，尤其是面向教学，如德国的诺德（语篇教学）、贺尼西、科尼西（翻译教学法）和库斯茅尔。贺尼西和库斯茅尔更是从 1982 年起就在他们的教科书中提出了很多与费尔梅尔类似的主张。

三、翻译学现状

功能翻译学的产生，以及针对费尔梅尔功能翻译学理论和观点所进行的直接或间接的学术讨论，推动了翻译学的发展。

20 世纪 80 年代以后，很有希望带来新成果的是一批翻译学家，如贺尼西、克林斯、库斯茅尔、略舍尔，他们以心理语言学为基础，以翻译过程为中心开展研究工作。他们使用的研究方法为经验归纳式的调研、记录和分析，其主题是“译者思考的是什么”；其研究的目的是描述翻译过程，不是为翻译制定规范或建立翻译模式；其具体做法是让译者用口语或书面语，以独白或对话的形式大声地说出想法来，使用心理学研究中开发的“大声思考的记录”这一方法，记录下他们是如何思考和工作的，他们是怎样最后确定了自己的译语语篇版本的。威尔斯论述了这种过程研究的可能性和局限性。

另外，人工智能研究的发展也促使人们重新认识翻译过程。人们希望未来的人工智能研究能为实现计算机辅助翻译提供新的可能性。

迄今为止，对翻译过程的研究成果在数量上和质量上还很不够，自然不可能使翻译学普遍注意到翻译过程的研究。总的来说，20 世纪末期，翻译科学呈现出多元的、不统一的景象。

翻译学的建构与发展之所以异常困难，主要是因为其研究对象的复杂性。总的来说，人文科学领域内建立学科理论要比自然科学领域困难得多，翻译领域更是如此，情况更为复杂。它不仅涉及不同的语言，还涉及不同的文化和交际群体。在翻译场合中相互交际的个人有着不同的兴趣、意图、表达和理解的可能性，同时又只能以间接的方式——通过译者进行交际。更何况，笔译或口译者本身也是相互不能替代的各自独立的个人。研究语言的现实就够难的了，要科学地并且明确、完整地把握笔译或口译过程中各种各样重要的非语言因素，并使之系统化，简直就是一项让人望而生畏的任务。

虽然现代科技尤其是计算机技术的迅速发展给机器翻译的发展带来了新的机遇，但是机器能翻译的也仅仅是一些极狭窄的专业领域里有意标准化了的语篇（如加拿大的英—法文天气预报），或逐词的翻译。机器翻译不仅没有代替人工，还为人工翻译开辟了新的工作途径，即机译的源语预处理和译语后处理工作。在绝大多数场合下，仍然要由译者靠个人对源语语篇的理解来完成译语语篇。

译者在工作时要遵守哪些标准和原则？要回答这个问题并不容易。前面说过，因为译者的认知能力和诠释能力不同，其译语表达能力也不同，所以实际上译者只能依照他力所能及的标准进行翻译，或者说他只能会多少翻译多少。

如果越来越多的学者能够努力从整体上全面考察翻译这一复杂现象，肯定会使翻译理论建设获得进步，而固守某种“模式”的做法应该过时了。这些“模式”是对复杂现象的不恰当的简化，因此一直以来都受到翻译实践家的怀疑，而这种怀疑不无道理。

原来主要由语言学（包括社会语言学、心理语言学、语篇语言学、符号学及行为理论）为翻译科学标记的领域扩大了。人们把重要的相邻学科，如交际学、文化理论和文化发生学、诠释学、跨文化学、国情对比研究、行为研究和人工智能研究、社会学、美学、逻辑学等融合在一起，对翻译进行跨学科的考察。此外，近年来，翻译学界对翻译教学法问题更看重了，虽然这方面的研究还亟待进一步改进。

所有这些可能给翻译学带来一次大变革。同时，人们逐渐认识到，研究方向或学派相互间的是非之争不会带来任何好处。相反，面对笔译和口译这种复杂的对象，翻译学研究方向和研究方法的多样性共存才更有利于学科的发展。

对于现代翻译学来说，当前的任务是少给一些所谓“正确”笔译和口译的“处方”，多增强译者的自我意识，让他看到他的工作像万花筒，看到他在有各种矛盾因素的具体交际场合中有巨大的可选择性。方法是研究和描述交际行为的认知过程，使之成为可教可学的东西。用这种方法，翻译学可以为译者提供一种导向，帮助他对自己的实践进行理论的反思，以此为基础，使他自己的行为符合交际场景的要求；同时，他可以获得必要的自信，在需要时，他能够说明为什么自己选出的方案是最佳的解决方案。

如果译者能够自觉认识到自己到底是做什么的，也就能够通过不断扩展知识去适应不断变化的要求；理解外行的立场，建设性地与他们讨论译文的质量；向委托人和最后的使用者说明他们可以合理地期待什么，以及他们可以做些什么事，才能使翻译产品符合实际需要；判断他人的翻译质量；现实地评价和有效地利用辅助手段（特别是计算机辅助手段）；培训、指导其他共事者，评价他们的翻译；判断利用计算机翻译的可能性（必要时参与有关软件的开发）。

当今翻译学学术研究范围的扩大也有其负面的影响。新的发展凸显了翻译学“不精确”和“无法重现”的特点。“精确性”和“可重复性”是对自然科学的要求，而非对人文学科的要求。我们不能用它来要求人文学科，更不能用它来要求以语用学、交际理论为基础的翻译学。尽管如此，建构新翻译学所面临的任务比其作为语言学、文学或语文学的一个分支的时候更加任重而道远，这一点是无法否认的。

第三节　翻译者的素质条件

一、心理和生理素质

（一）翻译者的心理素质

由于口译工作总是在大庭广众之下进行的，译者要面对众多的听众。临场经验不足的译者总有一种怯场心理，尤其是在比较重要的场合。怯场的原因多半是自信心不足，对专业或专业术语不熟，怕其他懂外语的人挑剔。怯场难免会影响译者的情绪和口译的质量。

为此，译者要注意突破心理障碍，努力战胜自我，培养从容面对听众的良好的心理素质；具体方法是平时要注意锻炼在大庭广众之下说话的胆量，每一次会议前都要认真做好译前准备，尽量找机会与会议的组织者、发言人有所接触，尽可能多地了解会议的背景情况。如果是专业性较强的会议翻译，译者事先还要阅读一些有关方面的资料，强记专业术语，做到心中有底，以防情绪紧张而影响翻译质量。

（二）翻译者的生理素质

（1）无论是本国民族语言还是外语，都要发音清楚，明白易懂。译者讲话不能带有方言土语，因为如果译者讲方言土语，可能会有很多人听不懂。另外，译者又必须懂得各种方言土语，因为讲话人可能来自不同的地方，如果听不懂他们的话，就无法翻译。

（2）说话要干脆利落，避免重复啰唆。

（3）语速要适当，停顿要自然。

（4）语调要自然，不能装腔作势，更不能喧宾夺主。

（5）声音大小要适中，声音太小会令听众听起来费劲，声音太大则可能产生噪音。

二、专业操作能力

（一）语言对比能力

译者要熟悉双语在语音、语法、词汇、句法、修辞和使用习惯上的种种差异，打破双语之间的天然壁垒，既要会“因循本质”，又能“依实出华”，收放有度，把地道的原文转换成规范的译文。

（二）跨文化能力

翻译是一个需要“了解一切”的专业，“不需要了解关于某件事的一切，但是需要了解每件事的一点点”，译者的知识面越宽越好。当然，样样精通是做不到的，但是“译一行通一行”却是可能的。对于源语的文化和译语的文化都要有一个系统的了解。在中国有一个十分独特的赞美词：学贯中西。学好中国文化不容易，学好西方文化也不容易，同时学好中国文化和西方文化，还能将两者融会贯通，更是难上加难。虽然在现实生活中，能配得上这个词的人少之又少，但它还是毫无疑问地成为我们衡量一个人是否广学博识的重要标准，它于无形中鞭策每个国人尽力学习中外文化知识。

跨文化能力的核心内涵是：尊重世界文化的多样性，具有跨文化同理心和批判性文化意识；掌握基本的跨文化研究理论知识和分析方法；熟悉所学语国家的历史与现状，理解中外文化的基本特点和异同；能对不同的文化现象、文本和制品进行阐释和评价；能得体和有效地进行跨文化沟通；能帮助有不同语言文化背景的人士进行有效的跨文化沟通——翻译。

三、广博的杂学知识

杂学知识，也被称为言外知识，指的是除了双语语言之外的诸多知识。译者需要具备广博的杂学知识，是一个永恒而常新的问题。在信息化迅猛发展的新时期，翻译这门学问不可能孤立存在，必定会与人文、传统、宗教、经济、美学、心理学等各个领域的知识有千丝万缕的关系。

傅雷曾经说过："译事虽近舌人，要以艺术修养为根本；无敏感之心灵，无热烈之同情，无适当之鉴赏能力，无相当之社会经验，无充分之常识，势难彻底理解原作，即或理解，亦未必能深切领悟。"杨宪益曾与夫人戴乃迭合作翻译中国古典小说《魏晋南北朝小说选》《唐代传奇选》《资治通鉴》《聊斋选》《儒林外史》《红楼梦》等经典作品。其中，《儒林外史》描写秀才举人、翰院名士、市井细民，科举礼教、腐败事态、社会百态无不囊括其中；《红楼梦》的内容更是广博宏大、包罗万象，是我国古代优秀的文化百科全书，胭脂服饰、茶酒饮食、药材养生、园林建筑、宗教礼数、诗词戏曲等无所不包。杨宪益先生能将这些文化巨著译成英文，并且措辞妥帖、行文优美，实在是得益于其丰富的生活阅历、完整的知识体系，以及孜孜不倦、精益求精的工作精神。

学界泰斗季羡林的学术研究领域主要有印度古代语言、中印佛教史、吐火罗文译释、中印文化交流史、比较文学、文艺理论、东方文化、敦煌学等。季先生悉心研究中外历史、文化交流，其丰富的译著为传播人类先进文化思想做出极大贡献。翻译家傅雷在古今中外的文学、美术理论、美学批评各个领域都有极渊博的知识，因此才有影响了几代国人的《约翰·克利斯朵夫》《巴尔扎克全集》《伏尔泰小说选》等译著。

在《青年人的苦闷》这篇文章中，胡适先生用"一点一滴的努力，一尺一寸的改善"来鼓舞激励青年人。如今，这句微言大义的警句亦可以用来鞭策译者，只有在杂学知识方面孜孜不倦地学习、点滴地积累，才能在翻译的道路上行得正、走得远，取得"一尺一寸的改善"。

第四节　翻译的新定位与新定义

一、关于“生态范式”

范式（paradigm）是个大概念，涉及特定研究领域中大的“方向”和大的“原则”，是一种研究途径或研究模式的总体理念、价值判断和研究方法的集中体现。

生态翻译学多次对其评论“范式”做出定位。例如在谈到生态翻译学的基础理论“翻译适应选择论”的研究目的时指出：“在于试图找到一种既具有普适的哲学理据又符合翻译基本规律的译论范式。”其翻译观是“着眼于‘人’，致力于‘纲’举‘目’张”，最终确立以译者为中心的“‘翻译 = 适应 + 选择’的理论范式”。翻译适应选择论还被概括为“以达尔文‘适应 / 选择’学说的基本原理和思想为指导，以‘翻译即适应与选择’的主题概念为基调，以‘译者为中心’的翻译理念为核心，能够对翻译本体做出新解的翻译理论范式”；该理论“致力于揭示和复现翻译之本来面目，并试图找到一种既有普适的哲学理据又符合翻译基本规律的译论范式”。

总之，作为一种具有跨学科性质的生态学翻译研究途径，生态翻译学是运用生态理性、从生态学视角对翻译进行综观的整体性研究，是一个“翻译即适应与选择”的生态范式和研究领域。

在《新牛津英汉词典（2007）》中，“paradigm”释意为范例、示范、典范。科学哲学家托马斯·库恩指出：“科学不是事实、理论和方法的简单堆砌，科学的发展也不是知识的简单积累，而是通过范式的不断转换所进行的不断革命的进程。”

赫曼斯也指出，“范式”为翻译研究制定“指导原则”，是“研究特定问题的手段”和“解决问题的方法”。可见，范式实际上包括了学科共同体所共有的理论假设、研究模式、研究方法、价值标准和形而上学的原则，是某一学科共同体成员的世界观、价值观和方法论的“总和”。

在生态翻译学研究领域中，上述从生态学视角探讨翻译理论的“生态范式”正在逐步形成，并受到越来越多的认同，其主要标志是不少学者在研究相关问题时的基本观念、价值判断、研究方法，以及所采用的术语和结论的指向等，基本上都纳入了翻译理论的生态学研究途径。

这些聚集在生态翻译学“共同体”中的研究者认同生态翻译学对翻译的基本描述，接受生态翻译学对翻译研究的指导原则，遵循生态翻译学整体关联的研究方法，而他们在进行特定问题研究时也采用了生态翻译学共同的价值标准。这些研究已经不是孤立的、单一的个案研究，而可以看成是在生态翻译学理论“范式”之下的共同研究。

最终数据库收录的有关生态翻译学的研究文献总共达到 1091 篇，文献刊发数量逐年呈稳步上升趋势。根据文献发表的时间，有效文献统计分别为：2001 年发表 1 篇，2002 年发表 3 篇，2003 年发表 2 篇，2004 年发表 6 篇，2005 年发表 7 篇，2006 年发表 13 篇，2007 年发表 14 篇，2008 年发表 13 篇，2009 年发表 32 篇，2010 年发表 70 篇，2011 年发表 120 篇，2012 年发表 196 篇，2013 年发表 213 篇，2014 年发表 226 篇，2015 年发表 175 篇（见表 1–1）。

表 1–1　文献统计

文献发表时间	文献发表数量
2001 年	1
2002 年	3
2003 年	2
2004 年	6
2005 年	7
2006 年	13
2007 年	14
2008 年	13
2009 年	32
2010 年	70
2011 年	120
2012 年	196
2013 年	213
2014 年	226
2015 年	175

从表 1-1 可见，自 2001 年以来，生态翻译学研究论文数量逐年增加，2012—2015 年论文发表的数量都维持在较高的水平，于 2014 年达到最高值 226 篇。

这种持续增长的趋势主要有两个原因：一是许多译界学者都能运用生态翻译学的基本术语和概念、研究方法和途径来研究翻译问题与翻译现象，这标志着生态翻译学的“生态范式”已逐渐形成了一定的学术影响；二是国内生态翻译学研究体系不断完善与丰富，形成了一个具有强大生命力的翻译研究学派，并取得飞跃式的进展。

二、关于“关联序链”

早在生态翻译学的基础理论研究之初，我们就阐述了翻译活动（翻译生态）和自然界（自然生态）之间的关联性和互动性，并曾图示了一条从“翻译”到“自然界”的具有内在逻辑联系的认知视野延展的链条，姑且可将其称为“关联序链”。

鉴于翻译是语言的转换，语言是文化的一部分，文化是人类活动的积淀，人类又是自然界的一部分，我们可以从中看到一个很有意义的内在联系，如图 1-1 所示。

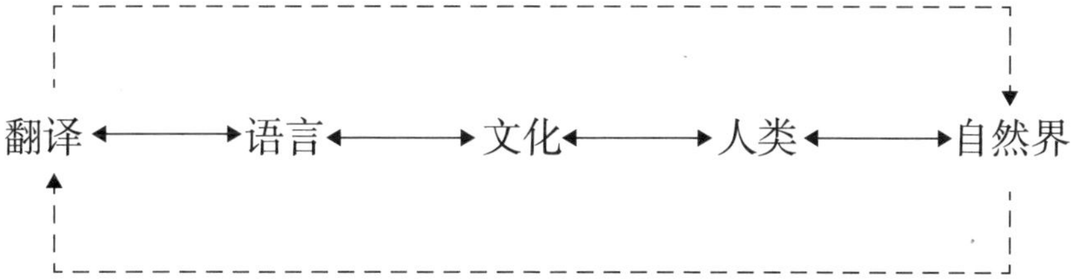

图 1-1　翻译活动与自然界之间的相互关系

这一“关联序链”体现了人类认知视野拓展和理性进步的基本路径，它符合人类认知能力演化的基本规律，同时具有互动性和递进性的特征，可以说勾勒出了人类认知视野不断衍展的逻辑序列和内在的指向机制。翻译研究的重心从翻译本身到语言、文化、人类生态，其间又不断反复、互动，正好反映出这一走向及其特征。从上述“关联序链”也可以看出，翻译活动与生物自然界之间的互联关系，以及自然生态系统与人类社会系统共通互动的基本特征。

“关联序链”的重要性使之成为生态翻译学形成和发展的一个重要前提和依据。近年来，不断有学者开始注意并应用和发展“关联序链”的基本内容。

孟凡君（2010）在《生态翻译学视野下的当代翻译研究》一文中指出，翻译研究与学术系统内的其他学科研究一样，在本体论研究之后，就会按“语言学→文化学→社会学→人类学→生态学”的次序进行研究范式的转向。他认为，翻译研究的范式转换并非是翻译研究视角的转向，而是翻译研究视野的扩大。这种视野的扩大如图 1–2 所示。

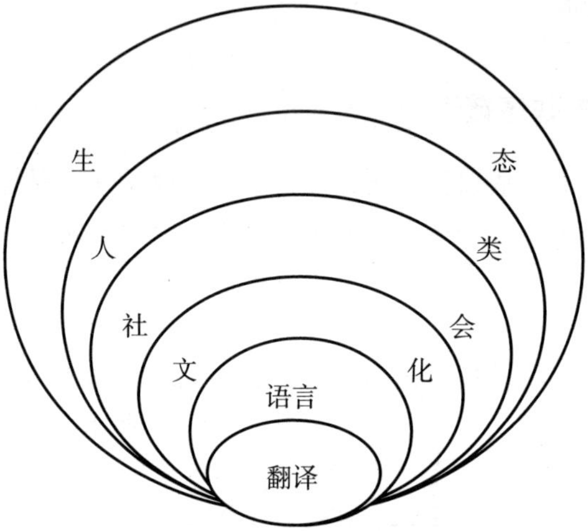

图 1–2　翻译研究视野变化示意图

从生态翻译学中“关联序链”的理论视角来看，从“翻译”（翻译生态）到“自然”（自然生态），其中具有明显的关联性、互动性和递进性的特征。该理论视点所勾勒出的“翻译→语言→文化→人类→自然界”的人类认知视野递进衍展的逻辑序列和关联界面，不论对于宏观的译学整体研究，还是对于微观的文本翻译研究和评析，显然会更为全面、更为系统，因而也会更为接近所研究事物的真实。

三、关于“译有所为”

生态翻译学基础理论中提出的“译有所为”，从内涵上看，主要表现在两个方面：一是译者从事翻译有其特定的动因（侧重主观动机）；二是翻译出来的东西可以做事情（侧重客观效果）。

对于前者，译者从事翻译活动有温饱情欲之需，有功名利禄之求，有道德伦理之爱，还有渴求天地宇宙之悟。因此，从译者主观动机的视角来看，“译有所为”可以“为”在“求生”，“为”在“弘志”，“为”在“适趣”，“为”在“移情”，“为”在“竞赛”，等等。

对于后者，翻译功能之大、业绩之丰无人否认。从“译有所为”的视角来看，可以“为”在促进交流沟通，“为”在引发语言创新，“为”在推动文化发展进程，“为”在催生社会变革，“为”在推动译学发展，等等。

四、关于“翻译生态环境”

“翻译生态环境”的概念最早是在《翻译适应选择论初探》（胡庚申，2001）一文中提出来的。其作者引入“翻译生态环境”的概念，而没有沿用“语境”或“文化语境”，主要是考虑到以下两个方面：

一是使用“生态环境”的提法能与达尔文生物进化论中“适应 / 选择”学说匹配。二是“翻译生态环境”与语境、文化语境在基本概念、范围、所指等方面有很大的不同。语境即使用语言的环境，而文化语境还是语境，只是侧重文化学视角，或只是用文化学的术语而已。语境是以使用语言为参照，不包含语言本身或语言使用，而“翻译生态环境”的构成要素包含了源语、原文和译语系统，是译者和译文生存状态的总体环境。因此“翻译生态环境”的概念要比翻译的“语境”更拓展一些。

随着研究的深入，“翻译生态环境”的概念更为明确，是指原文、源语和译语所构成的世界，即语言、交际、文化、社会，以及作者、读者、委托者等互联互动的整体。“翻译生态环境”构成的要素包含了源语、原文和译语系统，是译者和译文生存状态的总体环境，它既是制约译者最佳适应和优化选择的多种因素的集合，又是译者多维度适应与适应性选择的前提和依据。

近几年，“翻译生态环境”的定义更为宽泛，是指由所涉文本、文化语境与“翻译群落”，以及精神和物质所构成的集合体。翻译生态环境有大环境、中环境，小环境之分，既包括物质环境又包括精神环境等。可以这么说，对于翻译而言，译者以外的一切都可以视为翻译的生态环境，同时每位译者又都是他人翻译生态环境的组成部分。

“翻译生态环境”是生态翻译学的核心概念之一，特别是近年来其概念外延在不断调适和扩展，因此引起了学者们的关注。

如同一则英语名言“No context，no text”，“翻译生态环境”对于翻译文本的产生至关重要。对于具体翻译来说，大到内容风格，小到选词造句，都会与“翻译生态环境”有关联，只是这种关联可能表现为不同的形式（如直接的或间接的、物质的或精神的），或者不同的程度（如较密切的或稍远一点的）等。

五、关于“译者中心”

翻译理论的根本问题之一是如何描述和解释译者在翻译过程中所扮演的角色。译者在翻译过程中的重要性也使这一问题的研究成为翻译界一个永恒的话题。

生态翻译学研究的是译者与翻译生态环境的关系问题。针对译者而言，他/她是一个独立主体，翻译活动自始至终必须通过译者主体意识和主导作用才能完成。译者处于不同语言和不同文化间各种力量交互作用的交互点上，既是翻译过程的主体，又是译事得以进行的基石。生态翻译学认为，译者是翻译过程中一切“矛盾”的总和。“译者为中心”的翻译理念把活生生的、感性的、富有创造性的译者推向译论的前台，使翻译理论建立在真实的、具体的译者基础之上。

“译者为中心”翻译理念的提出，有助于使翻译学中译者研究的“研究半径”得到延伸并使其理论层次有所提升，同时对译者的自重、自律及自身素质的提高也有促进作用。

这种取向于译者并以译者为终极关照的翻译理论，其优越性日益彰显，从而使对译者中心、译者主导、译者主体等方面的专题研究不断拓展。

最后，对于翻译的本质与使命的阐述必须纳入对翻译定义的描述中。这样做有利于纠正目前国内翻译界一味沉醉于追求所谓的“合格的译文”，而忘记了翻译的本质是什么、翻译的使命是什么的现象。中国人一千多年前就已经提出了一个简明扼要、至今仍不失其现实意义的翻译定义，即“译即易，谓换易言语使相解也”，它凸显了翻译的本质与使命。2012 年国际译联推出当年国际翻译日的庆祝主题“翻译即跨文化交际”，与这个古老的中国人的翻译定义可谓遥相呼应，再次强调了翻译的本质及使命，其中的深意值得人们反思。

今天在重新思考翻译的定位与定义时，一定要把翻译的本质及使命（也即其目标和功能）纳入翻译的定义中。只有这样，才有可能获得一个全面、完整的翻译定义。

第二章　翻译与文化的相关分析

翻译从表面上看是一种语言文字的转换，实际上是一种文化的重现和传播过程。对于那些具有文化内涵的语言、现象，要做到等值翻译是极为不易的。这是因为不同文化之间的差异往往为译者制造了一条难以逾越的鸿沟。要想跨过这条鸿沟，译者首先必须认清语言、文化、翻译三者之间的关系，了解文化差异对翻译的影响，这样才能做好文化翻译工作。本章将探讨语言与文化的关系、文化与翻译的关系及文化差异对翻译的影响。

第一节　语言与文化的关系

一、关于语言

（一）语言的定义

1. 外国学者的观点

现代语言学之父费尔迪南·德·索绪尔认为："语言是一种自足的结构系统，同时又是一种分类的原则。"[①]

美国语言学家艾弗拉姆·诺姆·乔姆斯基认为："语言是一组有限或无限的句子的集合，其中每一个句子的长度都有限，并且由一组有限的成分构成。"

① 费尔迪南·德·索绪尔．普通语言学教程［M］．高名凯，译．北京：商务印书馆，1980：123.

除上述两种观点外,《韦氏新世界词典》也列出了“语言”最常见的几种释义。

（1）“any means of expressing or communicating such as gesture，signs，of animal sounde”（任何表达或交流的手段，如手势、信号、动物的声音）。

（2）“special set of symbol letters，numerals，etc.，used for the transmission of information，as in a computer”（一套由符号、字母、数字、规则等组合成的特殊体系，用来传递信息，类似计算机中的信息传递）。

（3）“human speech”（人类言语）。

（4）“the ability to communicate by this means”（通过言语进行交际的能力）。

（5）“system of vocal sounds and combinations of such sounds to which meaning is attributed，used for the expression or communication of thoughts and feelings”（一套语音和语义组合系统，用来表达、交流思想和情感）。

（6）“the written representation of such system”（该系统的书面表达）。

2. 中国学者的观点

国学大师赵元任认为：“语言是人跟人互通信息，用发音器官发出来的、成系统的行为方式。”①

中国当代著名语言学家张世禄认为：“语言是用声音来表达思想的。语言有两方面，思想是它的内容，声音是它的外形；人类之所以需要语言，是因为有了思想，不能不把它表达出来。”②

综合上述观点，可以看出语言实际上是人类为了交际和表达思想而产生的，由词汇和语法构成的重要的符号系统。简单地说，语言其实就是人类交际的一种工具。我们说语言带有工具性质，是因为不论是口头的还是书面的交际，其发生都具有目的性。语言同时还具有交际功能，只有在语言使用者熟悉人类社会交际互动规则的情况下，语言的交际功能才能得到很好地发挥。由此可见，语言、社会和文化是不可分割的一个整体。

（二）语言的属性

1. 系统性

语言的系统性主要体现在两个方面，即二层性和逻辑关系。

---

① 赵元任．语言问题 [M]. 台北：台湾商务印书馆，1968：41.

② 张世禄．语言学原理 [M]. 台北：台湾商务印书馆，1970：69.

（1）二层性

语言是由语素、语音、词、句子等单位构成的，这些单位之间存在层级性，据此可以将这些单位分为底层结构和上层结构。语言的底层结构是音位，没有任何意义；语言的上层结构是音义结合的符号及符号组成的序列，故上层结构有明确的含义。其中，上层结构主要分为三个等级，第一级是语素，第二级是词，第三级是句子。语言的层级体系通常被称为“语言的二层性”。

语言单位的数量会随着层级数目的增加而成倍扩大。例如最底层的音位系统是由无意义的语音组成的，即音节（如前缀和后缀）；这些数量有限的音节组合起来，并与意义相联系，便构成了数量翻倍的语素；语素结合又构成了成千上万的词；词组合起来便形成了无限数量的句子。

（2）逻辑关系

语言的逻辑关系是指语言单位结合在一起时构成的组合关系和聚合关系。

①组合关系是指两个具有相同性质或等级的结构单位按照线性的顺序组合而成的关系。这种关系往往是固有的、已经实现了的关系。例如“read the letter”是由“read”“the”和“letter”三个语言单位组成的。其中，“read”是动词，“the”是定冠词，修饰限定后面的宾语“letter”，于是“read the letter”就构成了动宾关系。

②聚合关系是指具有相同组合能力的语言单位可以在语言的组合机构的同一位置上互相替换的关系。例如“red pen”中的“red”也可以用“yellow”“black”等词语替换，构成新的词组。这就是语言单位之间的聚合关系。

2. 创造性

语言的创造性来源于语言的二层性和递归性。如前所述，语言的二层性可以使语言单位创造出无限多的句子，即使很多句子人们从未听过，也能够理解。句子的这种可创造性，在下面这个例子中体现得极为明显。

English is an interesting subject.

I know English is an interesting subject.

You know I know English is an interesting subject.

Mary knows that you know I know English is an interesting subject.

Is it true that Mary knows that you know I know English is an interesting subject?

…

3. 任意性

语言的任意性是指语言符号形式与其所代表的含义之间并无必然联系。

索绪尔认为："A Linguistic sign is not link between a thing and a name， but between a concept and a sound pattern， or the hearer's psychological impression of a sound."①（语言符号并非一个事物与其名称的连接，而是一个概念与一种声音形式，或听话人对一种声音的心理印象的连接。）换言之，语言符号是由"概念"和"发音"两个要素结合而成的，而"概念"和"发音"之间是没有任何逻辑联系的。正如我们无法解释为什么"桌子"（table）要读作 [teible]。

语言的任意性还体现在同一事物在不同的语言中对应不同的表达上。例如：汉语中的"桌子"在英语中是"table"，在法语中是"tableau"，在德语中是"Tisch"。

当然，也有人以拟声词为例对语言的任意性提出过反对意见。对此，索绪尔认为："拟声词不能算是构成语言系统的有机成分，它们不仅数量十分有限，而且在选择上也具有一定的任意性，它们只是对某种声音的模仿，这种模仿或多或少是约定俗成的。"②

4. 移位性

语言的移位性是指语言使用者可以用语言谈论与自己所处时间、空间不同的事物。例如我们在家里可以谈论其他国家发生的事情，也可以谈论历史上的著名人物、事件，还可以谈论明天的天气状况。虽然这些国家、人物、事件离我们很遥远，未来的事情更是不可知的，但语言可以表达这些事物，这就是语言的移位性。

需要指出的是，动物虽然也有其自身沟通交流的方式，但不可能抛开时间和空间的限制去交流，因此动物的"语言"不具有移位性。

二、关于文化

（一）文化的定义

"culture"一词来源于拉丁文"cultura"，原意是"耕作、培养、教育"，其基本含义包括两个方面：在物质活动方面意味着耕作，而在精神修养方面的含义则涉及宗教崇拜。随着社会及近代科学的不断发展，尤其是文艺复兴、地

① SAUSSURE F. Course in genera linguistics[M]. New York：Columbia University Press，1913：57.

② 费尔迪南·德·索绪尔.普通语言学教程[M].高名凯，译.北京：商务印书馆，1980：121.

理大发现和宗教改革的推动，人们对形形色色文化的区分，以及对文化内涵和外延的研究产生了浓厚的兴趣，并赋予了“文化”新的内涵，使文化成为人们专门探讨的一门学问。

关于文化的定义，中外学者有着各自不同的看法。下面列出一些具有代表性的观点，以供参考。

1. 外国学者的观点

英国文化人类学家爱德华·伯内特·泰勒在《原始文化》（*Primitive Culture*，1871）一书中首次将文化作为一个概念提出来，指出“文化是一种复杂体，它包括知识、信仰、艺术、道德、法律、风俗，以及其余社会上学得的能力与习惯”。

英国社会人类学家马林诺夫斯基则认为，文化是一种具有满足人类某种生存需要的功能的“社会制度”，是“一群利用物质工具而固定生活于某一环境中的人们所推行的一套有组织的风俗与活动的体系”。

以上两种观点得到了人们的广泛推崇。但除此以外，也有不少学者提出了较为全面、合理的观点。

美国学者戴维·波普诺就曾对文化下了一个比较全面的定义。他认为文化应由三个因素构成：一是符号意义和价值观——这些都用来解释现实和确定好坏、正误标准；二是规范准则——对在一个特定的社会中人们怎样思维、感觉和行动的解释；三是物质文化——实际的和人造的物体，它反映了非物质的文化意义。

美国学者理查德·波特和拉里·萨莫瓦指出：“文化是一个大的人群在许多代中通过个人和集体的努力获得的知识、经验、信念、价值、态度、角色、空间关系、宇宙观念的积淀，以及他们获得的物质的东西和所有物。文化表现于语言的模式及活动和行为的样式。这些模式和样式是人们适应性行动和交际方式的样板，它使得人们得以在处于特定的技术发展阶段、特定的时间、特定的地理环境的社会里生活。”

2. 中国学者的观点

“文化”一词在中国古已有之。“文”的本义指各色交错的纹理，有纹饰、文章之义。《说文解字》称：“文，错画也，象交文。”在这里，“文”就是指各种象征符号，以及文物典章、礼仪制度等。而“化”本义是变易、生成、造化，如《周易·系辞下》中的“万物化生”。“化”也可引申为改造、教化、培育等。

西汉以后，“文”与“化”合并为一个词语。西汉刘向在《说苑·指武》

中写道："圣人之治天下也，先文德而后武力。凡武之兴为不服也。文化不改，然后加诛。"此句中的"文"和"诛"是两种根本不同的治理社会的手段。这段话的意思是圣人治理天下，先施以文德教化，如不奏效，再施加武力，即先礼后兵。此后，"文化"一词的用法延至后世，并进一步引申出多种含义，分别与天造地设的"自然"相对，或者与无教化的"质朴""野蛮"相对，取其人伦、人文之义。

《辞海》对文化的定义是"文化广义指人类在社会实践过程中所获得的物质、精神的生产能力和创造的物质、精神财富的总和。狭义指精神生产能力和精神产品，包括一切社会意识形态：自然科学、技术科学和社会意识形态。有时又专指教育、科学、文学、艺术、卫生、体育等方面的知识与设施。"

综合上述观点可以看出，文化是历史的结晶，是通过积累逐渐形成的，是人类在社会实践中创造出来的精神和物质财富。我们从中还可以了解到，文化的定义有广义与狭义之分，广义文化包括精神文化和物质文化，而狭义文化仅指精神文化。

（二）文化的特征

1. 共同性

文化是人类认识自然、改造社会的实践活动在物质、精神方面取得的成果的总和。文化是全人类共同创造的，又为全人类所享有和继承，因而文化具有人类共同性。物质文化以物质实体反映了人对自然界的认识和利用，因而具有非常明显的人类共同性。在不同社会环境中形成的制度文化、行为文化、心态文化，彼此之间也具有可借鉴性：科学技术发明、科技产品及先进的管理方式等已经成为全人类共有的文化；具有永恒生命力的文学艺术作品会受到东西方人们的普遍欢迎和喜爱，如西方莎士比亚的作品、我国曹雪芹的《红楼梦》等文学艺术作品受到古今中外读者的喜爱。

2. 传承性

文化要想存在和延续下去，前提是文化的相关要素和信息具有传承性和继承性。正如布瑞斯林所说："如果某些价值观已存续多年并被认为是社会的核心理念，则这些价值观一定会代代相传下去。"文化之所以具有传承性，是因为文化具有可传承的内在需求和价值。无论是知识文化还是交际文化，无论是物质文化还是精神文化，都是某一民族思想的结晶和经验的总结，对后人有着巨大的意义，是人们巨大的精神财富。正因为文化的这种重要性，才使文化具有传承的可能性。

3. 时代性

不同的时代有着不同的文化，这是因为任何文化都是在历史发展演变的过程中产生的。原始人驯养动物、种植植物、创造文字，创造了原始文化；蒸汽机的发明、产业革命的完成，促使人类进入近代文化历史阶段，催生了资本主义文化。文化的依次演进实际上是一个“扬弃”的过程，也就是说，文化的不断发展实际上是对既有文化进行批判、继承和改造的过程。在某些历史时期看来先进的文化，在后来的历史时期可能就失去了先进性，成为落伍、落后的文化，并且被更为先进的文化取代。

4. 变化性

随着时间的推移，社会不断发生变化，与之紧密相连的文化不可避免地受其影响，也会随之发生变化。虽然文化在不断发展，但文化的某些方面，如行为交往方式、思维模式、价值取向等，还是相对稳定、不易改变的。例如有学者曾对美国的价值观进行过一次调查研究，结果表明，美国 20 世纪 90 年代的大多数文化价值观与两百多年前相比并没有发生多大变化。

正如利内尔・戴维斯曾指出的那样，所有文化都是动态的，而非静止的。它们在社会历史事件的冲击之下，通过与其他文化的接触交往而不断地变动着、进化着。行为举止与社会习俗的变化可能发生得较为快速，而基本模式与价值观、世界观及意义系统方面的变化往往发生得较为缓慢。

5. 民族性

斯大林指出：“民族是人们在历史上形成的有共同语言、共同地域、共同经济生活，以及表现于共同的民族文化特点上的共同心理素质这四个基本特征的稳定的共同体。”可见，虽然文化的共同性决定了某些文化能够为全人类所有，不过文化首先是民族的，其次才是人类的。实际上，针对文化的产生与存在而言，文化原本都是民族的。民族是一种社会共同体，因此越是古老的社会，文化所具有的民族性就越鲜明。每个民族都有能够体现本民族特色的文化，如蒙古族人善骑马射箭、维吾尔族人能歌善舞等。

三、语言与文化

长期以来，学术界对语言与文化的关系一直争论不休。这是因为语言与文化之间的关系十分复杂，忽略任何一方面都会导致我们的看法不全面、不客观。因此，必须多角度、多方面、辩证地去看待两者之间的关系。

关于语言与文化的关系，许多学者都曾提出过自己的看法和观点，其中以美国人萨丕尔及其弟子沃尔夫提出的“萨丕尔－沃尔夫假说”最为著名。这一假说的中心思想是语言决定思维，大意是说不同语言的人对世界的感受和想法也不相同。因此，不同的语言结构决定了不同的世界观、不同的思维方式。该假说一经提出就引起了学术界的巨大争议，有的学者支持这一假说，有的学者则认为该假说过于绝对，认为语言对思维的影响只是相对的，而非绝对的。

今天，随着人们对语言学研究的不断深入，几乎没有人绝对赞同“语言决定思维方式”的观点，但也不能全盘否定该假说的正确性。因此，部分承认该假说的正确性才是合理的态度。

虽然对于语言和文化的关系众说纷纭，但可以肯定的是，语言和文化是密不可分的。语言是社会文化的一部分，是一种社会文化现象，同时社会文化的发展又对语言起到制约作用。正如萨丕尔曾指出的那样：“语言的背后是有东西的，而且语言不能离开文化而存在。”① 可见，语言和文化是不可分割的一个整体。

另外，文化包括物质文化和精神文化。物质文化中语言的作用并不明显，但语言对于精神文化的建设至关重要。精神文化需要语言来表现，需要语言来记载,因而语言是精神文化得以产生和发展的必要前提之一。因此,我们可以说,语言本身便是文化的一个特殊组成部分。

换个角度来说，文化的发展也离不开语言，任何文化的传承和记载都是依靠语言来实现的，不同文化之间的交流和沟通也是通过语言这一手段进行的，可以说语言是文化发展的必要前提。

同时，文化的发展对语言具有促进和制约作用。语言的发展同样需要文化的推动。社会文化的进步可以带动语言的进步。语言体系的完善和丰富，归根结底来源于文化的不断发展。

第二节　文化与翻译的关系

一、关于翻译

（一）翻译的定义

翻译工作无论是在我国还是在西方，都可谓历史悠久、源远流长。语言学

① 张全.全球化语境下的跨文化翻译研究［M］.昆明：云南大学出版社，2010：28.

家、翻译家、翻译理论家等纷纷对翻译进行定义，有的人认为翻译是一项活动，有的人认为翻译是一门艺术，也有人认为翻译是一门科学。本节主要通过中外学者给出的翻译的不同定义，来了解翻译这一概念。

1. **外国学者的观点**

（1）英国著名语言学家和翻译理论家约翰·卡特福德认为，翻译是用一种等值的语言（译语）的文本材料去替换另一种语言的文本材料。卡特福德认为，翻译主要是两种存在状态：一种是源语，即译出语；另一种是目标语，即译入语。

（2）美国翻译理论家尤金·奈达认为，翻译是指从语义到文体在译语中用最切近且最自然的对等语再现源语的信息。

（3）苏联翻译理论家巴尔胡达罗夫认为，翻译是把一种语言的言语产物，在保持内容也就是意义不变的情况下，改变为另一种语言的言语产物的过程。

2. **中国学者的观点**

（1）许慎在《说文解字》中，曾把"翻"解释为"翻：飞也。从羽，番声。或从飞"；用现代汉语来说就是"翻意为飞，形声字，羽为形符，番为声符"。而"译"的解释则是"译：传译四夷之言者。从言，睪声"；用现代汉语讲即是"译指翻译，即将一种语言文字翻译成另一种语言文字的人。形声字，言为形符，睪为声符"。[①]

（2）茅盾认为，文学翻译是用另一种语言把原作的艺术意境传达出来，使读者在读译文的时候能够像读原作一样得到启发、感动和美的感受。

（3）张培基认为，翻译是运用一种语言把另一种语言所表达的思维内容准确而完整地重新表达出来的语言活动。

（4）方梦之认为，翻译是按社会认知需要，在具有不同规则的符号系统之间所做的信息传递过程。这一定义具有高度的概括力。此外，方梦之在其主编的《译学词典》中认为，"翻译"一词具有五个义项：翻译过程、翻译行为、翻译者、译文或译语及翻译工作。

（二）翻译的过程

翻译是理解原文并创造性地运用另一种语言再现原文的过程，也是一种有别于其他语言活动的思维过程。概括来说，翻译包括三个阶段，即理解阶段、表达阶段和校改阶段。下面就对这几个阶段分别进行论述。

---

① 刘军平．西方翻译理论通史[M]. 武汉：武汉大学出版社，2009：18.

1. 理解阶段

正确、透彻地理解原文是译文恰当而充分地表达原文的前提。不理解原文，翻译也就无从说起。

（1）理解词汇含义

英语中存在很多一词多义的现象，同一个词在不同的语言环境中往往有不同的含义。因此，译者在翻译过程中除了要注意词的一般意义，还要注意词在具体语境中的引申含义。例如英语“deep”一词的基本含义是“深的”，但在实际运用中，它还有许多其他含义，如“deep in study”（专心学习）“deep voice”（低沉的嗓音）、“deep red”（鲜红色）、“deep sleep”（酣睡）、“deep thinker”（知识渊博的思想家）等。

因此，译者在翻译时一定要理解词汇在具体语境中的准确含义，这样才能做出准确的翻译。例如：

原文：Sometimes you might think the machine we worship make all chief appointments，promoting the human beings who seem closest to them.

译文：有时你可能认为，一切重要的官职都是由我们所崇拜的当权人物任命的，他们提拔那些似乎与他们最亲近的人。

如果将原文中的“machine”理解为“机器”，那么译文会令人难懂且不符合逻辑。因为句中的代词“them”指代“machine”，这就说明“machine”一词在句中是一个集合名词，而根据句中的动词“make”和“promoting”引导的分词短语这一具体的语境，说明“machine”一词在此处是有生命的、有思想的，意为“核心人物”或“当权人物”。

原文：I hate to see a story about a bank swindler who has jiggered the books to his own advantage because I trust banks.

译文：因为我信任银行，所以我讨厌看到银行诈骗犯篡改账目、损人利己的报道。

在翻译原句时，根据上下文，不能将原句中的“story”译为“故事”，而应理解为“报道、新闻”之意；不能将原句中的“books”译为“书本”，而应理解为“账目”。

（2）理解句法结构

英汉两种语言属于不同的语系，汉语属于汉藏语系，英语则属于印欧语系，且英汉两个民族在思维方式上也不同，这就导致英汉句子结构存在很大的差异。在表达同一个意思时，英语和汉语有时会采用不同的句法结构。因此在翻译时，译者需要认真理解原文中的句法结构并进行仔细分析。例如：

原文：It will strengthen you to know that your distinguished career is so widely respected and appreciated.

译文：当您认识到您的杰出事业是如此广泛地受到人们的尊敬和赞赏时，您就会为自己增添力量。

原句引自美国前总统理查德·尼克松于1972年写给病危中的美国著名记者埃德加·斯诺的慰问信。译者要想翻译这句话，首先应正确分析句子结构，否则容易引起表达错误。如果把该句误译成“这样会使您更加认识到，您的杰出事业是如此广泛地受到人们的尊敬和赞赏”，就是把不定式短语“to know that... appreciated”错误地当作“will strengthen”的状语，没有看出这一不定式才是句子的真正主语，而“it”只是充当形式主语，没有任何意义。

原文：There was no living in the island.

译文：那座岛不能居住。

要想正确翻译此句，译者需要准确理解英语中句型“there is+动名词”的意思。这一句型实际上相当于“we cannot+动词原形”或“it is impossible to do”。因此，如果译为“那岛上无生物”就是错误的。

2. 表达阶段

表达是实现由源语到目的语信息转换的关键。在表达阶段，译者要了解源语和目的语在表达方式和文化上的差异，以使译文忠于原作，且符合译语的表达习惯。此外，译文还要恰当地再现原文的风格。具体来讲，译者翻译时需要在以下几个层次上对原文和译文负责。

（1）自然层次

自然层次是对译文行文的基本标准。对所有类型的文本，译文都必须自然流畅，符合译入语的习惯。只有极少数例外的情况，初学翻译的人常常可能译出很别扭的译文来，除了本身文字功底尚欠火候之外，主要是过于拘泥于原文，选词用字照抄词典，不顾上下文是否合适，过于拘泥于原文的句子结构，如词序等。例如：

原文：The men and women throughout the world who think that a living future is preferable to a dead world of rocks and deserts will have to rise and demand, in tones so loud that they cannot be ignored, that common sense, humanity, and the dictates of that moral law which Mr. Dulles believes that he respects, should guide our troubled era into that happiness which only its own folly is preventing.

译文1：希望有一个可以活下去的世界而不要一个到处是岩石和沙漠的死亡的世界，各国的男男女女必须起来用一种人们不能置之不理的洪亮声音大声疾呼，要求让理智、人道和杜勒斯先生所说的他所尊重的道义原则，来引导这个多事之秋的时代，进入只有时代本身的愚蠢在阻止人们达到的幸福境地。

译文 2：充满生机的未来世界胜于遍布岩石和沙漠的荒野，凡持此观点的世人，都应该行动起来，用无比洪亮的声音唤醒众人：正是我们今天的愚蠢做法在阻碍着人类走向幸福，我们必须依靠理智、仁慈及杜勒斯先生所倡导的道义原则，来引导这个动乱的时代迈入幸福的天堂。

原文一句话多达 71 个单词，其中套着 3 个定语从句、1 个宾语从句和 1 个状语从句。

译文 1 没有分好层次，显得十分生硬，仅主语就达 39 字之多，表达十分笨重；译文 2 分清层次，将句式做了调整，清爽了许多。

（2）文本层次

文本层次是指原文的字面意义。原文既是翻译活动的起点，也是终点，任何翻译都不能离开原文。但是，即使是同一个意思，原文表达的方法不同，翻译时所应采取的策略、译文表达也会不同。有时即使是同一个词也会有不同的译法。例如：

【例 1】She is the last woman to come.

译文：她是最后一个来的。

【例 2】She is the last woman to do it.

译文：她绝不会干那件事的。

以上两个例句中的“last”，虽然都取其“最后”的含义，但翻译出来的说法并不一样。

例 1 可以直接翻译成“最后”，而例 2 则要取“最不可能做某事”的含义，这样译文才能更加准确、清楚。

（3）黏着层次

黏着是指语篇中句子之间的衔接。对于英汉两种语言来说，两者在语法、词序上有很大的差别。另外，英语多长句，句中经常包含很多从句；汉语多短句，句中少有衔接词汇。这些差别都要求译者必须注意调整译文结构，使译文成为一个符合目的语读者表达习惯的连贯整体。例如：

原文：The English arrived in North America with hopes of duplicating the exploits of the Spanish in where South America，where explorers had discovered immense fortunes in gold and silver. Although Spain and England shared a pronounced lust for wealth，differences between the two cultures were profound.

原译：英国人抱着和西班牙人开拓南美洲一样的动机来到北美洲，西班牙的探险者在南美洲发现了大批金银财宝。虽然西班牙和英国都同样明显地贪图财富，但是两国的文化却存在着很大的差异。

改译：当年西班牙探险者在南美洲发现了大批金银财宝，英国人来到北美洲的动机也如出一辙。虽然两国对财富的欲望同样强烈，但是两国在文化上却存在着巨大的差异。

本例原文的第一句含有一个定语从句，原译将它拖在主句的后面，结果两个句子之间的衔接显得非常别扭，整个段落支离破碎。改译中根据汉语习惯，按时空顺序组织句子的规律，将原文中的定语从句译成汉语后放在主句之前，这样整个段落就比较连贯了。

3. 校改阶段

校改阶段是翻译的最后一个阶段。译文不论翻译得多好，也难免会有疏忽和错漏的地方，因此需要认真校改加以补正。校改实际上是对原文内容的进一步核实，以及对译文语言的进一步推敲和完善的阶段。因此，校改并不是简单地改错，译者必须认真对待这一环节。校改阶段主要完成两个任务：一是检查译文是否精确；二是检查译文是否自然简练。在校改阶段，译者应注意以下几个方面：

（1）审校人名、地名、数字和方位是否有错误。

（2）审校译文中大的翻译单位，查看有无错漏、误译或欠妥之处。

（3）审校专业术语是否正确。

（4）核查成语及其他固化的表达结构是否准确、恰当，包括各种修辞手法和修辞习惯。

（5）校正错误的标点符号，使其符合目的语的语言规范。

（6）力求译文没有冷僻罕见的词汇或陈腔滥调，译文段落表达自然、简练。

通常来说，译文必须校改两遍以上，第一遍着重校改内容，第二遍着重润饰。润饰是为了去掉初稿中的斧凿痕迹，即原文对目的语的影响或干扰，使译文自然流畅，更符合目的语的习惯；通常的做法是先抛开原文，以地道的目的语的标准去检查和衡量译文，并进行修改和润饰。如果时间允许，再把已校改两遍的译文对照原文通读一遍，进行最后一次的检查、修改，务必使所有问题都得到解决，这样的译文才算是定稿。[①] 此外，如果条件允许，最好能请别人挑错，因为译者本人往往受自身思维模式的束缚，很难发现自己的错误。译者还可以在校改完之后将译文放置几天，再拿出来看时或许会发现一些之前没发现的问题。

① 张培基．英汉翻译教程（修订本）［M］．上海：上海外语教育出版社，2009：23.

二、翻译与文化的相互作用

美国翻译理论家奈达曾在其著作《语言、文化与翻译》一书中指出："对于成功的翻译而言，双文化能力比双语言能力更加重要，这是因为词语只有从它们所赖以生存的文化的角度去考察才真正具有意义。"① 由此可以看出，翻译与文化是紧密相连、互相影响的关系。一方面，翻译可以促进和丰富文化；另一方面，文化又促进并制约着翻译。

（一）翻译促进、丰富文化

翻译作为一种跨文化交际行为，通常担负着传播文化、丰富文化的使命，这也是翻译的意义与价值所在。翻译不仅能促进译入语文化的发展，还促进了不同文化之间的传播与交流。语言作为文化的代码，不仅具有认知表达功能，还有储存文化信息和传播文化的功能。当人们用文字来表达某种思想或叙述某种事物时，不单是在进行知识的传播，也是在进行文化的传播，并且是多维文化的传播。而通过翻译这一中介，世界各地的文化得以传播、交流、融合，碰撞出新的火花，焕发出新的生机。下面就从新词的产生和文学的发展这两个方面，对这一点进行说明。

（1）随着我国改革开放的深入，汉语同英语之间的交流也达到了空前的深度与广度，其中最明显的体现便是外来新词的不断产生与涌入，如表 2-1 所示。

表 2-1　新型词汇

新型词汇	新型词汇
DVD（影碟）	AA（各付各账）
WTO（世界贸易组织）	VIP（贵宾）
cool（酷）	sofa（沙发）
E-mail（电子邮件）	coffee（咖啡）
party（派对）	ID（身份证）
honeymoon（蜜月）	cold war（冷战）

① 卢红梅．华夏文化与汉英翻译［M］．武汉：武汉大学出版社，2006：51.

续　表

新型词汇	新型词汇
credit card（信用卡）	olive leaf（橄榄枝）
blue print（蓝图）	black market（黑市）
tower of ivory（象牙塔）	show（秀）

以上这些词语或是音译的结果，或是在中西交流中语义引申的结果，或是外来词异化翻译的结果。无论哪种，它们都已为人们所接受，并成为汉语表达的一部分，从而使中国的语言文字有了新的发展，也使我们开始更为精确地表达在本土文化中本不存在的事物或现象。

在西方文化传入中国的同时，中国传统文化也传入了西方，并对世界产生了广泛的影响。今天，外国许多国家都知道了中国的太极拳、少林寺和武术，了解了中国的节日习俗，认可了中国人名的表达方式，如跨栏飞人叫“刘翔（Liu Xiang）”而不是“Xiang Liu”，篮球明星是“姚明（Yao Ming）”而不是“Ming Yao”。

（2）针对文学来说，中国文学在 1890 —1919 年经历的一次翻译高潮，对我国文学发展产生了以下几个方面的重要影响。

①大量的外国文学作品尤其是外国小说被介绍给中国读者，这使中国传统的知识分子开始承认小说的独特价值，并将之纳入文化领域，使其置身于诗词古文作品之间。

②小说的翻译改变了我国传统的写作技巧。西方小说注重心理描写及细腻的景色描写，这打破了我国传统的重意境渲染的文学写作风格一统天下的局面，对文学写作的多样化产生了巨大影响。

③文学翻译还改变了旧有的文学观念，引入了新的思想内容，对我国新诗、话剧、白话小说的诞生与发展产生了巨大影响，直接促进了我国文学发展的现代化。

（二）文化促进、制约翻译

1. 文化影响翻译选材

文化影响翻译选材具体表现在翻译目的与文本选择方面，而这里所说的文化主要是指文化中的意识形态。在中国翻译史上，翻译介绍外国名作为中国政治服务，用外国作品的政治态度或作者的思想观点作为翻译选材的标准，这样的例子非常多。

在中国近代翻译活动中，严复、林纾可谓风云人物。林纾在翻译斯托夫人的《黑奴吁天录》时，其目的动机非常明确。19 世纪 40 年代，中国广东沿海一带成千上万的贫民被拐骗到美国开发矿山、修筑铁路。他们为在艰苦的环境中求得生存，付出了难以承受的繁重劳动。然而，19 世纪 50 年代，美国加州通过了一系列歧视排斥华人的法律；1868 年西海岸有 4 万名华工被逐出矿区；1871 年洛杉矶的中国劳工惨遭屠杀；排华运动愈演愈烈。1882 年，美国国会干脆通过排华法案，可是腐败的清政府并不敢同美国政府进行交涉。林纾认为，华工之所以受尽欺侮，关键是中国的国力太弱。林纾说，他翻译《黑奴吁天录》就是要使中国人正视这种“为奴之势逼及吾种”的现实。在该书《跋》中，他再次强调与魏易翻译此书的愿望：“余与魏君同译是书，非巧于叙悲以博阅者无端之眼泪，特为奴之势逼及吾种。当今变政之始，而吾书适成。吾书虽俚浅，亦足为振作志气，爱国保种之一助。”林纾出于爱国热忱，希望通过翻译此书给国民敲响警钟，使其认识到亡国灭种的危险。

2. 文化影响翻译过程

美国语言学家爱德华·霍尔认为：“翻译不但是两种语言体系的接触，而且是两种不同文化的接触，乃至是不同程度的文明的接触。翻译过程不仅仅由语言因素所决定，还由社会因素和心理因素所决定。”[①] 由此可以看出，翻译不仅仅是两种语言之间的转换，也是形式的转化，更是文化的转换。换句话说，翻译在语言转换的过程中要把整个交际语境考虑在内，同时又能允许读者以一种他们认为自然而又妥当的方式对译文做出回应。这里的交际语境，指的就是文化因素。一方面，文化具有共同性，任何文化之间都会有一定的重叠，这也是翻译的基础；另一方面，文化也具有多样性，大多数的文化意义是存在差异的，这便是翻译的难点。

概括来说，翻译可以分为两大阶段，即理解和表达阶段。理解是翻译精准、得当的前提，表达是落实这一标准的实际行动。无论在理解阶段，还是在表达阶段，译者都必须结合文化因素来思考和选词造句。一篇文章对读者所传达的不仅是文字知识，还包括其在特定社会条件下所形成的独特的文化信息，如民族情感、个人情感、生活态度、风俗习惯等。因此，如果译者仅从文字的表面推敲，就很难准确理解原文的精神实质，译文自然也就难以再现原文的神韵。

① 武锐．翻译理论探索［M］．南京：东南大学出版社，2010：121.

这就需要译者准确分析和翻译原文的文化意义。但由于译者本身也是一个文化个体，虽然他可能并没有意识到，但他确实正受到自身文化取向和文化身份的影响。因此，无论译者在翻译时再怎么努力摒弃主观因素，也抛不掉自己身上的文化烙印。这种烙印根深蒂固，其影响会贯穿整个翻译过程的始终。

第三节 文化差异对翻译的影响

通过前面的介绍可以推断，文化差异必然会给作为跨文化交际中一个重要形式的翻译带来极大的影响。根据奈达对翻译中的文化因素所做的分类，本节结合实例来分析中西文化差异对英汉翻译的影响。

一、语言文化差异对翻译的影响

语言不仅是文化的重要组成部分，还是文化的载体。英汉两种语言的词汇、句法、习语、修辞等都有各自的特点，而且这些特点对翻译有着最为直接的影响。

（一）词汇方面

词汇含义的部分重合或字面含义相同、实际或文化含义不同的现象十分常见。例如汉语中的“宠儿”是指被他人特别宠爱的孩子，而英语中的“favorite son”指的却是被自己所在的州所拥护的政治候选人。如果译者不了解这些不同，就可能产生误译。由此可见，译者在翻译的过程中了解词汇的深层文化内涵非常重要。例如：

原文：It was Saturday afternoon，and the landlady was cleaning the stairs.

译文：那是一个星期六的下午，女房东正在打扫楼梯。

在英国，常有人将房屋分间进行出租，这样的人通常被称为“landlord”或“landlady”。译者如果不了解这一文化背景知识，则很有可能将“landlady”错译为“女地主”。

（二）句法方面

在句法上，汉语造句注重意义连贯，句子形式可根据表意需要加以变通，较为随意，即汉语重意合。相比之下，英语造句对结构有着严格的要求：句子不仅要结构完整，还要注重形式接应，句子的形式严格受到语法的制约，即英语重形合。因此，在句子翻译层面上，译者必须考虑到英汉句子衔接方式的不同，从而使译文更加符合目的语的表达习惯。例如：

原文：种瓜得瓜，种豆得豆。

译文：As you sow，so will you reap.

本例汉语表达中并无任何连接词，却能得到很好地理解。而英语句子却需要靠“as”和“so”来衔接前后，表明逻辑关系。由此即可看出汉语重意合、英语重形合的特点。

除了形合、意合的差异外，英汉句子在主语表达上也存在差异：英语习惯用非生物名词做主语，而汉语习惯用生物名词做主语。所以，译者在翻译时要注意对主语进行位置上的调换。例如：

【例 1】It is believed that his performance is the best.

译文：人们认为他的表演最好。

【例 2】Not a sound reached our ears.

译文：我们没有听到任何声音。

（三）习语方面

习语是一个民族文化的积淀和人民智慧的结晶，有着明显的民族性。因此，英汉两种语言中的习语也存在着很多形似而意悖的现象，所要表达的意思与其字面意思往往没有直接的关系。因此，习语的翻译往往要求译者对习语本身有十分透彻的理解，否则就很容易产生误译。例如：

原文：He is the man who always wears two hats.

从字面上理解，“ wears two hats”可译为“戴两顶帽子”，但如果这样翻译，读者会对译文不知所云。其实，这一习语是“身兼两职、双重身份”的意思，如果了解了这一含义，上句的翻译就不会出现错误了。再如：

原文：Since Mike's wife passed away，he's been wearing two hats at home as both father and mother.

译文：自从迈克的妻子去世以后，他在家里既当爹又当妈。

原文：They are so shorthanded at Joe's office that he has to wear two hats.

译文：乔的公司太缺人手了，他不得不同时担任两个职务。

（四）修辞方面

修辞是语言表达艺术化的一个重要方法，在文学作品和日常生活中多有涉及。很多修辞格虽然同时存在于汉语和英语中，但在具体使用上却存在或多或少的差异。这些差异对翻译造成了不小的障碍。例如：

原文："... you had got to the fifth bend，I think?"

译文："……你说到了第五个弯儿了，不是吗？"

原文："I had not!" cried the Mouse，sharply and very angrily.

译文：那老鼠很凶很愤怒地喊道："我没有到！"

原文："A knot!" said Alice，"oh，do let me help to undo it."

译文：爱丽丝道："你没有刀吗？让我给你找一把罢！"

本例原文利用"not"和"knot"这两个谐音单词制造出双关修辞，贴切地表现了爱丽丝的心不在焉，达到了幽默的效果。一般来说，双关几乎是不可翻译的，因为汉语中很难找到合适的词与英语单词谐音。如果照搬直译，译为"一个结。噢，让我来帮你解开（结）"，一则显得单调乏味，二则没有体现出"not"和"knot"这两个谐音单词制造出的双关修辞。但赵元任先生利用"到"和"刀"这两个谐音汉字也制造出了双关修辞，再现了原文的语言特色，实属佳译。

总而言之，英汉两种语言所属语系不同，其语言表达习惯、形式等都有巨大的差异。这就要求译者必须熟悉和灵活处理这些差异，将原文的语言风格、文化内涵原汁原味地呈现给读者，这样才能译得准、译得好。

二、社会文化差异对翻译的影响

社会文化错综复杂，包罗万象。一个民族的历史、政治、经济、风俗习惯、价值观、思维方式，以及社会活动的特点和形式等都是社会文化的表现。与其他差异相比，社会文化差异对翻译造成的影响更大一些。以下针对几种英汉社会文化表现差异对翻译的影响进行简要介绍。

（一）价值观念

翻译必然涉及价值。翻译价值问题是翻译研究中的一个重要话题。我国翻译研究领域的诸多知名学者都曾围绕该话题有过精辟论述。方梦之指出："一个独立的社会群体往往会有一套完整的价值体系。面对翻译，人们遵从特定的价值基准而抱有一套信念、原则和标准。"

由此而言，翻译原则、翻译标准的确立都基于特定语境下的翻译价值观，而翻译行为必然以一定的价值追求为目的。许钧甚至认为，翻译作用、翻译功能、翻译影响及翻译价值这些词语，"虽然意义有所区别，但就本质而言，指的都是翻译活动应该起到或所起的作用"，因此，"在这个意义上，建立翻译的价值观，可为我们进行翻译评价与批评提供理论的基础"。

汉语社会文化价值观推崇谦虚，如在文章中经常可以看到“鄙人”“犬子”“拙文”等谦辞。而英语社会文化则推崇个人表现，展现个人的自信，故很少有这类自谦的用词。

（二）思维方式

相对而言，中国人重具象思维，对事物的描述和表达都尽可能具体；而英美人重抽象思维，擅长用抽象的表达描述具体的事物。因此，英语科技文章中多概括、笼统的抽象名词，而汉语文章中多具体词语。译者在翻译这些具体词语时，如果生硬直译，必然会使译文晦涩难懂，因此需要将英语中的大量抽象名词具体化，以使译文符合汉语表达习惯。例如：

原文：Is this emigration of intelligence to become an issue as absorbing as the immigration of strong muscle?

译文：脑力劳动者移居国外是不是会和体力劳动者迁居国外同样构成问题呢?

本例原文中的“intelligence”一词原意为“智力，理解力”，“muscle”的原意为“肌肉，体力”。但译文并没有进行死译，而是灵活地将它们译为“脑力劳动者”和“体力劳动者”。很明显，将抽象名词具体化以后，译文就更容易被理解了。

（三）风俗习惯

风俗习惯涵盖的范围很广，如称呼、寒暄语等都属于风俗习惯的范畴。中西方风俗习惯上的差异也要求翻译者必须综合考虑源语文化和目的语文化，灵活进行翻译，不能将源语文化“生拉硬拽”至目的语中，否则译文就得不到目的语读者的理解和接受，达不到文化传播的目的。

在称呼方面，英语中的亲属称谓只有“dad”“mum”“grandpa”“aunt”“uncle”等为数不多的几种表达，而且多数情况下人们经常直呼其名。但中国素有“礼仪之邦”之称，称谓尊卑有别、长幼有序，区分得十分严格。有时一个称谓不止一种叫法，如“妻子”，英语中只有“wife”一种叫法，但汉语中则有“老婆”“爱人”“内人”“内子”“拙荆”“堂客”等多种称呼。因此，在翻译中遇到这种情况时，译者需要根据上下文弄明白文中人物的亲属关系，从而确定具体应该翻译成汉语中的何种称谓。

在寒暄语方面，中国人见面打招呼时常说“你要去哪儿”“你吃饭了吗”。类似这样的话语只不过是礼节性打招呼的一种方式，并无深意。然而，西方人对这几句话却非常敏感，如果译者翻译时直译，容易令他们不知所措甚至有可能引发冲突。因此，译者要视具体情况做出相应的客套话的转换，改用英语惯用语“Good morning”“Hello”或者“How are you”等。中国人在至爱亲朋之间，很少用“请”“谢谢”之类的用语，因为不是外人，无须那样客套，若多用反而见外。可是在英语文化中，“thank you”“please”“excuse me”等却常不离口，即使在夫妻之间、父母与子女之间、好朋友之间也要不厌其烦地使用。

在祝贺、赞扬、道谢等方面，英汉民族的习惯基本上也不相同。例如英美人士听到他人对自己的赞美时，通常会接受赞美，并表示感谢，而中国人面对赞美时常表示自己受之有愧。

第四节　生态翻译理论与文化维度

一、生态翻译学及其渊源

（一）生态翻译学简述

生态学与翻译学的联姻使翻译研究出现了更广阔的研究空间。2004 年，胡庚申教授出版了译论专著《翻译适应选择论》。此专著以达尔文的适应选择学说为指导，认为翻译是译者适应翻译生态环境的选择活动。在此基础上，他又多次撰文明确提出了自己对生态学与翻译学联姻的看法，提出了“生态翻译学”及翻译研究的“生态转向”。

胡庚申认为，“生态翻译学起步于 2001 年，全面展开于 2009 年”，所谓“生态翻译学是一种生态学的翻译观，或者说是一种生态学的翻译研究途径（an ecological approach to translation studies）。它着眼于翻译生态的整体性，从翻译生态环境的视角解读翻译过程，描述译者与翻译生态环境之间的关系，聚焦译者的生存境遇和翻译能力发展”。单从概念定义可以看出，生态翻译学聚焦于“生态学”“生态环境”等关键词，尝试引入跨学科的新途径来研究翻译。从内容上看，生态翻译学倡导“译者为中心”，基于翻译理论的生态学建构和整体生态系统内的翻译环境，从译者视角对翻译本体活动做出新的描述和解释。从语法学角度来看，翻译学是“生态翻译学”中的核心词，生态是修饰语，可以理解为从生态学的角度来探索翻译现象，与语言翻译学、文化翻译学、认知翻译学、社会翻译学同属于翻译学范畴。从翻译学的本位立场出发，“生态翻译学”比较适合作为翻译学一门分支学科的称谓。

生态翻译学是翻译研究的新范式还是新视角？它是否具有存在的科学性？它的理论基础和理论核心是什么？它能否成为一门学科？它的研究对象、研究方法是什么？其未来发展前景如何？这些问题目前在学术界还没有达成共识，一切都还处于探索和质疑阶段，人们对生态翻译的关注还比较少。翻译中具有生态元素的研究才只有二十余年时间。1988 年，彼得·纽马克在翻译过程文化介入的分类中包含了翻译的生态学特征。笔者认为，生态翻译学研究应该有两个目的：一是借鉴生态学的基本思想，如整体观、联系观及和谐观，用于翻译研究，从而拓展、改进和丰富翻译研究；二是从生态学的立场出发，以生态学视角的翻译研究作为跨学科整合研究的龙头学科，以生态学的思想为依据来建构翻译学，从而使翻译研究多维化、语境化、整体化和系统化。

（二）生态翻译学产生的渊源

生态翻译学的产生具有多维因素，主要包括历史必然性、时代特殊性、理论基础性、学科方法性及本体兼容性等。自 18 世纪 60 年代蒸汽机开启工业革命，到现在的互联网产业蓬勃发展，凭借科技力量，人类管理万物的身份完全确立。人类中心主义思想在西方长期盛行，“植物的存在就是为了动物的降生，其他一些动物又是为了人类而生存。驯养动物就是为了便于使用和作为人们的食品，野生动物，虽非全部，但其绝大部分是作为人们的美味，为人们提供衣服及各类器具而存在”。亚氏的自然目的论思想为人类征服自然和统治自然提供了充分的理由和不竭的力量，也造成了西方人类与自然、文明与环境的对抗。人类中心主义在拔地而起的工厂、伐木造田、截流开道等方面得到了淋漓尽致的体现。森林的迅速消失，物种濒于灭绝，沙尘暴、泥石流、空气污染、海啸、气候变暖、甲型流感等现象表明，久被践踏的自然生态环境受到了严重的破坏并直接威胁到人类生存。这种生态失衡使人类不得不在不同的领域，从不同的层面去思考、去解决。历史的因素注定了生态危机的爆发只是时间的问题。这就决定了生态视域翻译研究的产生具有一定的历史必然性。

从 1978 年美国学者威廉·鲁克特尔在《文学与生态学：一次生态批评实验》的文章中首次提出生态批评到现在的短短几十年间，生态批评表现出了顽强的生命力。从美国到欧洲、亚洲，再到全世界，从生态学到文学、哲学、教育学、建筑学、翻译学等不同领域，生态批评逐渐成为人们研究的显学。这说明在不同区域、不同领域、不同国度及不同意识形态之间都存在着严重的生态失衡。

在当今世界全球化背景下，种族之间、区域之间、国际之间的交往更加频繁，多元文化主义的全球性盛行使翻译研究必须适应这一时代的特殊性，采取跨学科整合统一的方法和视角。

生态视域翻译研究产生的理论基础性在于翻译研究本身已取得的理论成果。在翻译研究出现语用学、文化和认知等转向后，语言翻译学、女性翻译学、后殖民理论翻译及认知翻译学等，都为生态视域翻译研究的产生和理论建构提供了一定的思想启示，做出了一定的贡献。另外，“翻译适应选择论对翻译本体的探讨和描述，对生态翻译学话语体系的建构来说具有举足轻重的意义”。翻译研究的生态跨学科性离不开生态学、生态哲学的学科支撑，而生态学及生态哲学中的许多思想促成了生态翻译学的概念、原理等的生成。任何事物的产生都离不开母体，翻译的目的性决定了它的兼容性，而本体的兼容性特点加速了生态翻译的出现。翻译中的一系列差异和不对等阻碍了翻译中主体间性对话的流畅实现，生态视域翻译研究的目的就在于解构这些差异和不平等，建构新的翻译研究范式。

二、翻译研究的物种、性别和种族维度

在全球一体化的今天，不同种族、民族、国家间的交往更加频繁，多元异质文化存在不断碰撞、交融和共生的现象。翻译研究作为人类的交际活动之一，在多维因素的影响下，相继出现了语用学转向（pragmatic turn）、文化转向（cultural turn）、经验论转向（empirical turn）和全球化转向（globalization turn）。在当前全球生态危机不断恶化的背景下，生态平衡与和谐是全球共同的责任。这种责任必将使翻译研究领域出现生态转向，重视蕴含于翻译文本的生态失衡和历史语境。在全球化多元文化主义下，翻译研究早已超越了简单的异语转换，它已经与经济、社会、政治、种族、性别、物种及环境等问题紧密相关。

德国学者贾斯塔·霍尔兹·曼塔利提出了“译行为”指代“翻译”，用来表示含义广泛的各种跨文化交际行为，因而，生态语境下审视翻译，翻译研究的生态之维至少体现在物种、性别、种族、区域及阶级等多个维度。生态翻译就是要消解隐含在翻译中的人类中心论、男性中心论、白人中心论、欧洲中心论及财富中心论等思想。

自 1978 年美国学者鲁克尔特提出生态批评至今，生态批评经历了人类中心主义、生物中心主义、地球中心主义及生态中心主义，最后到生态整体主义

的发展历程。生物中心主义的提出，将人与动物、植物的关系研究推向了一个新的浪潮。西方人文社会科学领域在20世纪80年代后出现了“动物转向”，这使人与动物的关系得到“‘爆炸性’研究”，文学作品中对动物的研究取得了空前的关注。如何在翻译中消解动物的他者地位，恢复其应有的主体性，实现主体间性原则，维护翻译生态环境的整体平衡与和谐，是生态翻译学研究不应忽视的一个问题。

胡庚申认为：“翻译是语言的转换，而语言是文化的一部分；文化是人类活动的积淀，而人类又是自然界的一部分。”同时，“人类作为自然界中的成员，长期的人类交际活动形成文化，文化以语言为媒介传播，语言不通就需要翻译”。因此，胡庚申得出翻译活动与自然界之间的相互关系，认为“作为人类行为的翻译活动与自然界的活动，不管是直接的还是间接的，总体上是关联的和共通的”。胡庚申的翻译活动与自然界之间的相互关系，为生态翻译奠定了重要基础。翻译到自然界不是线性的生成过程，这一翻译过程的实现经过了人脑的认知转化，有一定的时空性。同时，这一过程是在一种理想状态下的理论设想，要使翻译与自然界之间的相互关系得以顺利实现，必须解构其中包含的种种中心论和不平等的思想观念，在此基础上，可以衍生出生态翻译的多个维度图。

生态翻译首先是意识到生态差异的翻译，这种差异体现在多个维度。由于长期的人类与非人类、男性与女性、白种人与有色人种的二元对立，导致了物种维度、性别维度成为生态翻译中必须首要解决的维度问题（见图2-1、2-2），重点论述这两个维度问题，兼与胡庚申教授商榷其存在的合理性。译者只有意识到这些差异，才能在翻译中适应性地选择、解构性地建构，才能更好地做到翻译的“信、达、雅”。生态翻译观是主体间性原则指导下的平等翻译，它的目的在于解构一切中心主义和不平等主义，更好地服务于交流和信息的传达。

此外，生态翻译观是发展的翻译，因为“翻译理论本身是一个综合的、开放的系统，它与许多学科与艺术门类息息相通”。要实现生态翻译，必须在翻译生态环境系统内实现平衡对等，克服在物种、性别方面的制约因素。

（一）物种维度

一定历史语境下的语言和文化难免会烙上时代的印记。在人类中心主义思想下，在以人为万物的价值尺度衡量标准的前提下，人与自然界及其他物种处在一种统治与被统治的失衡状态下。这种状态具体体现在语言和文化层面上。因此，在实际操作过程中会有许多影响翻译平衡的因素存在，如果忽视了自然界中其他生物的主体性，就等于忽略了部分交流的群体。生态翻译学的指导思想是生态整体主义，“生态整体观的基本前提就是‘非中心化’，它的核心特征是对整体内部联系的强调”。生态系统中的所有成员是主体间性关系，不存在主体与客体、主动与被动、利用与被利用的关系。长期的人类中心论思想将自然界中的其他物种置于人类的支配和统治下，导致人与自然的二元对立。人是万物的主体，剥夺了非人类的主体性，使之成为他者，成为人类的对象性、工具性而存在，其他非人类世界没有内在价值，只有工具性价值。这种思想具体体现在语言文化上，从而在意识形态上体现一种人类中心主义的观点，阻碍了主体间性原则在翻译中的实施，影响了翻译系统的生态平衡。而生态翻译的物种维度就是要解构这种人类中心论思想，在语言文化翻译上恢复非人类世界的主体性，实现人类与非人类之间在语言文化层面上的主体间性原则，从而促进翻译中主体间性对话的流畅实现，解构人与自然的二元对立，实现人与自然的和谐，实现在物种维度上的生态平衡，从而维护翻译系统的生态平衡。

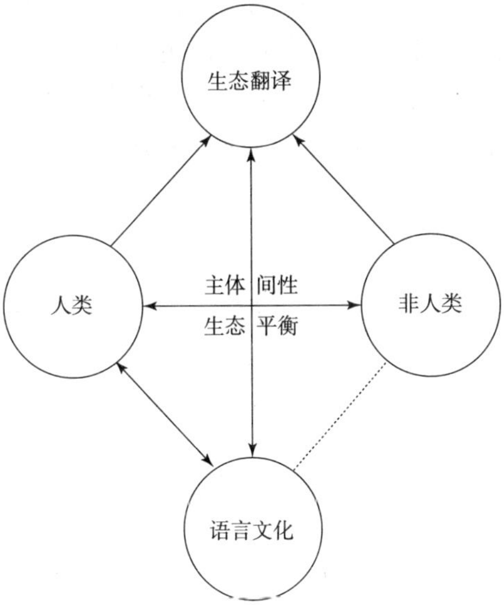

图 2-1 生态翻译物种维度

（二）性别维度

生态女性主义和女性主义翻译的兴起，是生态翻译性别维度产生的基础。法国学者佛朗索瓦·奥波尼于 1974 年在《女人或死亡》中首次提出了生态女性主义。生态女性主义者认为，女性和自然之间有着天然的联系，女性被自然化，自然被女性化，“女人 = 生殖 = 自然，男人 = 生产 = 文化”，对女性的压迫和对自然的支配在很大程度上促使了生态女性主义的产生，“生态女性主义的核心就是把男权社会对自然的压迫和对女性的歧视联系起来……在反对男权压迫与支配的斗争中寻求解放女性和解决生态危机的出路”，实现女性在政治、语言和权力等方面的平等，与男性进行主体间性原则的交往，实现两性之间的和谐。

20 世纪 80 年代起逐渐兴起了女性主义翻译研究。女性主义者关注译作与原作的地位问题，认为传统的观点把译作与原作视作两极，所谓“优美的不忠”的内涵实质上体现了原作与译作之间的主从地位。“翻译像女人，忠实的不漂亮，漂亮的不忠实”不但包含着对女性的性别歧视，而且包含着对译作的歧视。女性主义者抨击翻译中男性话语的统治地位，试图利用新词、外来语及双关语等建立女性的语言格式，瓦解传统的语言观念。

女性主义翻译“过于情绪化、宗派化、观念化，实际上太主观”，过于强调“语言游戏的政治影响”。生态翻译的性别维度正是为了消解男性话语霸权和语言上的性别歧视，解构男性中心论，弥补女性主义翻译的局限性，恢复女性的话语权，实现两性在语言文化层面上的平等，实现主体间性原则的交往，实现生态平衡在性别维度上的体现，从而维护翻译系统的生态平衡。

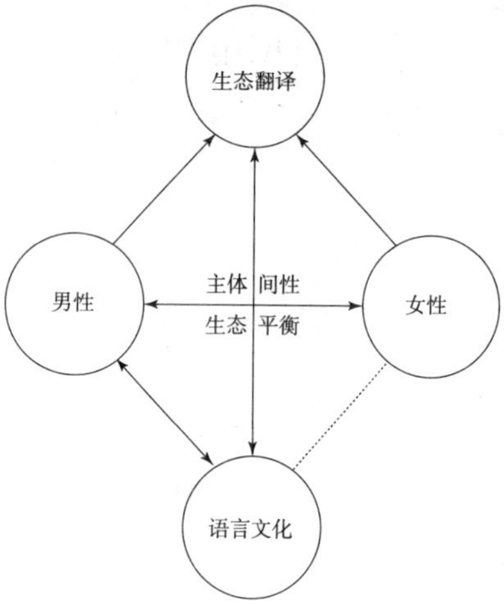

图 2-2　生态翻译性别维度

基于生态整体主义的指导思想，从生态翻译的原则和目的来看，交互主体性翻译中，翻译的目的在于顺利完成翻译活动，从而促进交流，实现翻译生态环境的平衡。当译语的对象处于主体性地位时，译者在翻译时要意识到源语生成时的历史文化语境，源语作者的写作意图、对象和目的等，从而在翻译时解构消解源语中的性别歧视、文化霸权等影响翻译生态环境和谐的因素，实现和维护全球文化生态翻译系统的平衡。主体间性在生态翻译中具有重要的地位。没有翻译生态环境中的主体间性，译者中心论的存在就没有意义，它的存在就具有某种“中心主义”的色彩。

第三章　跨文化背景下的英汉词语翻译

英语词和汉语词的不同首先体现在词的构成上。英语词是由数个字母排列而成的。单个字母对这个单词本身的意义不产生影响。

第一节　英汉词汇的主要差异分析

英语中词是由词素（morpheme）组成的。所谓“词素”，是指英语中“具有意义的最小单位”，不能单独运用在句子中。例如单词“electromotor”，前缀词根“electro”表示“电的”，“mot”表示“to move”，后缀“or”表示名词，那么这个单词的意思就是“电动机”，但拆开来看，三个词根都不具备可独立运用的意义。与英语词相对，汉语词则没有内在结构和形态的变化。汉语词由单个的汉字组成，而每个汉字对这个词的意义都可能产生影响。这些组成词的汉字称为语素，是可以单独运用在句子中的。例如“踏青”“单行道”“护城河”等词语，词义是由组成词的语素意义拼接起来形成的，每个语素“踏”“青”“单”“行”“道”“护”“城”“河”又有各自独立的意义，可以在句子中独立使用。

除了了解英汉两种语言构词上的区别，熟悉掌握词汇的语法分类也是非常重要的。英语词可以分为以下几种词类：名词（noun）、代词[①]（pronoun）、

① 代词，是代替名词或一句话的一种词类。大多数代词具有名词和形容词的功能。英语中的代词，按其意义、特征及在句中的作用，分为人称代词、物主代词、指示代词、反身代词、相互代词、疑问代词、关系代词、连接代词、不定代词和替代词十种。

数词（numeral）、形容词（adjective）、动词（verb）、副词[1]（adverb）、冠词[2]（article）、介词（preposition）、连词[3]（conjunction）和感叹词（interjection）。通常，前面六类词语可以作为独立的句子成分，具备实在的词义，如名词可做主语、宾语、表语等，动词可做谓语，形容词常做定语，副词多做状语等，这些词称为实词（notional words）；而冠词、介词、连词和感叹词都不能作为独立的句子成分，只有语法意义，称为虚词[4]（form words）。但某个英语词属于哪个词类并不能一概而论，因为在不同的搭配中，词所充当的成分是不同的。英语词的另一个重要特征就是一词多义。一个词，其词汇形式不同，如“-ing”和“-ed”形式词汇的具体意义是不同的，它在某一个句子中充当的成分不同，在该语言环境中的具体含义也是千差万别的。

例如单词“double”可做形容词，在句子中做定语，表示“双倍的”，如：

double pay（双倍工资）

double ticket（双人票）

It will take double the time.（那要花双倍的时间。）

单词“double”可做副词，在句子中做状语，表示“双倍地”，如：

He was bent double with laughter.（他笑得前仰后合。）

单词“double”可做及物动词或不及物动词，在句子中做谓语，如：

double the number（数字翻番）

double the price（价格加倍）

double in size（大小翻倍）

double for sb（做某演员的替身）

---

① 副词（adverb，简称 adv.）是指在句子中表示行为或状态特征的词，用以修饰动词、形容词、其他副词或全句，表示时间、地点、程度、方式等概念。副词可分为时间副词、频率副词、地点副词、方式副词、程度副词、疑问副词、连接副词、关系副词、表顺序的副词及表完成的副词。

② 冠词是一种虚词，在句子中一般不重读，本身不能独立使用，只能与名词放在一起（一般用于名词之前），帮助说明名词所指的人或事物，包含不定冠词（indefinite article）、定冠词（definite Article）、否定冠词（negative article）、部分冠词（partitive article）和零冠词（zero article，即不用冠词）。

③ 连词是用来连接词与词、词组与词组或句子与句子，表示某种逻辑关系的虚词。连词可以表并列、转折、假设、选择、递进、条件、因果等关系。

④ 虚词泛指没有完整意义，但有语法意义或功能的词。虚词具有必须依附于实词或语句、表示语法意义、不能单独成句、不能单独做语法成分、不能重叠的特点。

The actor doubled as the king in Act Ⅲ.（这位演员在第三幕兼饰国王一角。）

单词“double”也可做名词，在句中做主语、宾语等，如：

the double of sb（跟某人一模一样的人）

play doubles（双打）

May I have a double（room）please？（我可以要一个双人间吗？）

汉语词的分类和英语基本一致，但一词多义的现象相比英语少很多。因此，译者在开始动手翻译英语单词之前，心中一定要清楚每一个词的词性是什么、在句中充当什么成分，这样才能在具体语境中找到单词最贴切的释义，而不是在字典上随意找一个释义来拼凑翻译。

第二节　英汉词语的翻译策略

“语词”是指词或词组等独立的可以自由运用的最小的语言单位，也是语篇翻译中的基本单位。对语词的理解不深，或一知半解，或粗心大意，必然会造成误译或错译，进而影响对整个句子、段落和整篇文章的理解。

翻译过程中，无论是英译汉还是汉译英，首先遇到的正是对语词的理解和翻译。由于英汉两种语言在词汇方面存在较大差异，原文词义的辨析和译语用词的表达就成了英汉、汉英翻译的基本问题，也是影响译文质量的一个关键环节。

词义的理解是否得当，除对英汉语言的本身修养外，还涉及有关专业知识和文化背景知识。对于初学翻译的人来说，切忌望词生义，不求甚解，尤其是遇到一些常用的多义词时，除了在日常阅读时多加注意，翻译中更应勤查字典和有关工具书。在英译汉的过程中，译者选择和确定词义通常从以下几个方面着手：

一、从词的语法分析来理解

对初学翻译的人来说，准确的理解往往离不开语法分析。语法分析主要从构词法、词性、涉指关系来分析词在句中充当的成分。

（一）从词的构成来分析

词的形貌结构体现了词的自身含义，因此，分析词的构成有助于弄懂词义，获得词的基本含义，从而为译入语的选词提供必要的参考依据。

此外，名词的单复数不同，其词义可能全然不同。例如：

force——力量　　forces——军队

green——绿色　　greens——青菜，蔬菜

finding——发现，探索　　findings——研究成果，调查结果

work——工作　　works——工厂，著作

damage——损失，损害　　damages——赔偿金

air——空气　　airs——装腔作势，做作

（二）根据词性判断词义

英语中一个词可以分别具有几种不同的词性。词的词性不同，其词义也有所不同。正确判断词性对理解词语的意义起着决定作用。例如“Workers can fish.”此句中的“can”“fish”，当它们分别被看作助动词和动词时，此句应译为“工人们能够捕鱼”，当它们分别被看作谓语动词和名词时，此句就变成了“工人们把鱼制成罐头食品”。

再以单词“right”为例加以说明。

【例 1】Your account of what happened is not right.（形容词）

译文：你对发生的事情的叙述不太正确。

【例 2】Go right on until you reach the end of the street.（副词）

译文：一直朝前走，直到你到达街道的尽头为止。

【例 3】I have the right to know the truth about the matter.（名词）

译文：我有权利知道这件事的真相。

【例 4】I hope your troubles will soon right themselves.（动词）

译文：我希望你的困境很快就能扭转过来。

（三）从涉指关系来分析

涉指关系指词在上下文中的照应关系，包括人称照应、指示照应和比较照应等。人称照应包括人称代词的各个格，代用词“one”，指示代词“such”，不定代词“some”“any”“each”“both”等，以及一些限定词“much”“many”“few”“little”等。指示照应包括名词性指示词“this”“that”“these”“those”，以及副词性指示词“here”“there”“now”“then”等。比较照应指有关涉及词的比较级形容词和副词。

【例 1】It may be possible to build faster ships，but scientists believe that they couldn't travel as fast as light. So they would still have long journeys ahead of them.（人称照应）

译文：虽有可能造出速度更快的飞船，但科学家相信这种飞船的速度不会达到光速，因此科学家还面临着漫长的探索道路。

【例 2】Health is above wealth，for this cannot give so much happiness as that.（指示照应）

译文：健康比财富更重要，因为财富不能像健康那样给人以幸福。

【例 3】I hate blue shirt；white suits me but grey is the most preferable.（比较照应）

译文：我讨厌穿蓝衬衫，喜欢穿白衬衫，而最喜欢穿灰衬衫。

（四）从句子成分来分析

一个词语在句中充当的成分不同，其意义也不相同。特别是当某些词语从形式上看，既可用作这一成分，又可用作另一成分时，必须根据上下文和全句的意思做出准确的判断，否则就会产生理解错误。

【例 1】The inventor began his scientific career as chemistry teacher.（介词短语用作状语修饰动词“began”）

译文：这位发明家从化学教师开始了他的科学生涯。

【例 2】His first act as an engineer was to labour in the workshop.（介词短语用作定语修饰名词“act”）

译文：他当了工程师后的第一个行动是下车间劳动。

【例 3】Successful scientist rejects authority as the sole basis for truth.（介词短语用作宾语“authority”的补足语）

译文：有成就的科学家总是拒绝把权威当作真理的唯一基础。

【例 4】I wrote four books in the first three years，a record never touched before.（逗号后面的部分为评价性质的附加语，对主句做补充说明，不能理解为“wrote”的宾语）

译文：我在头三年里写了四本书，打破了以往的纪录。

二、根据上下文和逻辑关系来确定词义

一般一个孤立的英语单词的词义是不明确的。句中的词从其所处语法语义关系及其与其他词的涉指关系中获得词义，即当其处于特定的关系中时，它的词义将受到毗邻词的制约而稳定明确。这里的上下文包括词的搭配、一般意义和专业意义、词的文化背景知识、上下文提示、有关虚词的关联作用、逻辑关系等。因此，根据上下文和逻辑关系判定词义是词义辨析中非常重要的方法。

【例 1】You should **check** your answers again and again before you hand in your paper.

译文：你交卷之前应当反复核对答案。

【例 2】I haven't **checked** my luggage yet.

译文：我的行李还未寄存。

【例 3】A change of wind **checked** the fire.

译文：风向改变抑制住了火势。

【例 4】Have you **checked** the examination papers yet，sir?

译文：你改完试卷没有，先生？

【例 5】Mr. Robert did not **check** in until yesterday.

译文：罗伯特先生直到昨天才签到。

【例 6】The woman guest has **checked** out of the room before 12 o'clock.

译文：那位女房客已经在 12 点之前结账离开了房间。

从词的一般意义和专业意义来理解。

【例句】I will give you all the help within my power.

译文：我会尽力帮助你的。

此例为常用生活用语，“power”一词根据句中的情境，词义发生转变，此处翻译为“尽力”。

三、根据词的搭配

词的搭配指词与词之间的一种横向组合关系。英汉两种语言在长期使用过程中各自形成了一些固定的词组或常见的搭配，这些搭配有时可以逐字译成另一种语言，有时则不行。造成英汉词语搭配差异的因素有三种：一是词在各自语言中使用范围大小不同；二是词在各自语言中引申意义有所不同；三是词在各自语言中上下文的搭配分工不同。因此，译者翻译时应注意英汉两种语言中词的搭配差异，在译语中选择恰当的语言来表达。

首先，译者要注意定语和修饰语的搭配关系。

【例 1】open

an open book　一本打开的书

an open question　一个悬而未决的问题

an open river　一条畅通无阻的河流

open wires　裸线

open speech　开幕词
in the open air　露天
【例 2】soft
soft pillow　软枕
soft cushion　靠垫
soft music　轻柔的音乐
soft breeze　和风
soft fire　文火
soft drink　不含酒精的饮料
soft heart　慈心
【例 3】红
红糖　brown sugar
红茶　black tea
红运　good luck
红榜　honour roll
红豆　love pea
红颜　beautiful girl
【例 4】场
足球场　football field
网球场　tennis court
高尔夫球场　golf course
溜冰场　skating rink
【例 5】杯
咖啡杯　coffee cup
啤酒杯　beer mug
葡萄酒杯　wine glass
其次，译者要注意搭配分工，如动词与宾语的搭配。
【例 1】play
play chess　下棋
play football　踢球
play truant　逃学
play high　豪赌
play the piano　弹钢琴

play fire　玩火
play the flute　吹笛子
play with dice　掷骰子
play the hero　扮演英雄
play the fool　扮丑角
【例 2】develop
developing（developed）countries　发展中（发达）国家
develop a model　建立一个模型
develop a base　开辟一个基地
develop tourism　发展旅游业
develop natural resources 开发自然资源
【例 3】做
做衣服　make clothes
做文章　write an essay
做生意　do business
做证　give witness
做人　conduct oneself
做官　be an official

此外，动物的叫声在英汉语言中都有各自的表达法。汉语里描述动物的叫声使用最多的是动词“叫”，但英语中动物的拟声词十分丰富，各种动物的叫声都有自己的表达法。翻译时，如果不加区别地使用，就会出现搭配错误。例如：狗叫“Dogs bark”，蜜蜂嗡嗡叫“Bees buzz”，绵羊咩咩叫“Sheep bleat”，小鸡叽叽叫“Chickens peep”，鸭子呱呱叫“Ducks quack”。

四、注意词的语用色彩

注意词的语用色彩，即注意词义的运用范围、轻重缓急、褒贬色彩、语体色彩和政治含义。任何语言都有语体之分，有文雅，有通俗，有粗野，还有俚语、公文语及术语等。因此，为了忠实于原文的思想内容，译者在翻译时应正确理解原作者的基本政治立场和观点，在译语中选用适当的语言手段加以表达。

（一）词义的运用范围及其侧重点

译者在翻译时应准确理解词的意义。比如：“country”表示国家的地理范畴，“nation”体现在共同的地域和政府下的全民概括，“land”给人以国土或家园之感，“state”指国家的政治实体，“power”表示国家的实力。又如“look”“glance”“stare”“gaze”“eye”和“peep”都表示“看”，但各个词的使用范围却有所不同。“look”是词义范围比较广泛且比较通俗常用的词，泛指“看”这个动作；“glance”是“一瞥”（short，quick look）；“peep”表示“偷看，窥视”（secret glance）；“gaze”表示“凝视，注视”（long steady look，often caused by surprise or admiration）；“stare”表示“盯着看，目不转睛地看”（very surprised look or very ill-mannered gaze）；“eye”表示“注视，察看”（watch carefully）。

再如“offender”“criminal”和“culprit”都有“罪犯”的意义，但其侧重点却有所差异。“offender”指任何违反法律的人，不一定受到法律的制裁，如 juvenile offender（少年犯）、an old offender（惯犯）；“criminal”指严重犯法的人，理应受到法律的制裁，如 war criminal（战犯）、habitual criminal（惯犯）；“culprit”指已被起诉的犯下罪行的人。

（二）词义的轻重缓急

表示“笑”的词语有很多，如“laugh”是指“大笑”，“chuckle”是指“轻声地笑”，“smile”是指“微笑”，“guffaw”是指“放声大笑、狂笑”，“giggle”是指“傻笑”，“jeer”是指“嘲笑”，“smirk”是指“得意地笑”，“grin”是指“露齿一笑”。表示“哭”的词语也有很多，如“weep”是指“泣”，“teary”是指“含泪的”，“sob”是指“呜咽”，“yammer”是指“哭诉”，“howling”是指“大声地哭，哀号”，“cry”是指“大哭”。

【例 1】我国的进出口贸易总额有了较大幅度的增长。

译文：There has been sharp increase in the total volume of imports and exports.

分析：“sharp increase”是“激增”的意思，可改译为“big increase”。

【例 2】我们必须广泛利用现代科学技术的新成就。

译文：We must utilize the results of modern science and technology on a wide scale.

分析：“成就”译为“results”，太轻了，可改译为“achievements”。

（三）词义的褒贬和语体等感情色彩

词语的感情色彩取决于该词在交际情境中的使用情况，反映了作者运用某一词语时所赋予它的或肯定，或否定，或尊敬，或诅咒，或古朴典雅，或庄严肃穆，或诙谐幽默等意义。例如“ambition”的词义既可做褒义，又可做贬义，完全取决于它在句中所含的潜在态度。

【例 1】It is the height of my ambition to serve the country.

译文：报效祖国是我最大的志向。

【例 2】We have no ambition for that distinction.

译文：我们并不奢望得到这个荣誉。

【例 3】That politician is full of ambition.

译文：那个政客野心勃勃。

【例 4】Her ambition is unbounded.

译文：她欲壑难平。

【例 5】Now some of the young men in our society are without ambition.

译文：现在社会上有些年轻人胸无大志。

【例 6】She writes in an ambitious style.

译文：她的文风矫揉造作。

【例 7】The president has announced his ambitious program to modernize the country in fifteen years.

译文：总统宣布了一项规模宏大的计划以在 15 年内实现国家的现代化。

在所指事物相同的情况下，一组同义词中的各个词可以分别用于不同的文体中，有的适用于一般文体，有的适用于正式文体，有的适用于非正式文体。因此，译者在翻译时应注意词的文体特征。

第三节　英汉虚词的翻译

英语词分为实词和虚词，汉语词也有同样的分类。实词指有实在意义的词，表示事情、事物、感情、观点等。虚词则不表示具体的概念。英语中的虚词包括冠词、感叹词、连词和介词。由于没有实际的意义，翻译英语虚词时需要根据具体的语境和搭配决定如何将其译入中文。

一、冠词的翻译

冠词是虚词的一种，没有独立的意义，只能依附在名词之前，包括不定冠词“a/an”和定冠词“the”。与汉语不同，英语冠词的存在非常广泛，含义也很丰富。不定冠词“a/an”与数词“one”同源，表示“一个”；定冠词“the”

与“this”和“that”意思接近，表示“这个”或“那个”，只是指示程度比较弱。一般说来，不定冠词泛指某个事物或人，定冠词特指一个或几个事物或人。而汉语的名词前面是没有冠词的，名词本身也没有明确泛指或者特指的概念。因此，在英汉翻译的时候，译者要根据具体的语言环境决定如何处理名词前面的冠词。

You should take the medicine three times a day.（这个药每天吃三次。）

You'd better take some medicine.（你最好吃点儿药。）

Pass me the salt.（把盐递给我。）

Please give me some salt.（请给我点儿盐。）

另外，英语的专有名词、抽象名词和物质名词前一般不加冠词。但需要注意以下情况中加冠词和不加冠词之间意义的区别。

Do you like the music?（你喜欢这音乐吗？）

I have passion for music.（我酷爱音乐。）

He took the advice immediately.（他立刻接受了这个意见。）

Good advice is beyond price.（好意见是无价之宝。）

在英汉翻译中，英语冠词的翻译一般涉及如下情况：

（一）冠词的省译

由于不定冠词后面所跟的名词通常是前文没有出现过的事物或者人，一般来说，省译的相对较少；而定冠词后面的名词大多数是之前出现过的，很多时候会被省略。

【例 1】A man came out of the room.

译文：一名男子从屋里走出来。

汉语名词本身没有指示单复数的作用，因此需要用数量词表示出来。例 1 中的“a man”被翻译成了“一名男子”，应当是前文中没有提到过的人物或者讲话参与者所不知道的人，因此不定冠词是翻译出来的；“the room”表示大家都知道的房间，所以定冠词“the”就省略了。也有一些情况是省略不定冠词的。

【例 2】I haven't got a thing to wear.

译文：我没有衣服可穿。

例 2 中原文中的不定冠词“a”没有被翻译出来，直接与前面的“haven't got”融合，译为“没有衣服”。

（二）冠词必须翻译的情况

英语的冠词在一些情况下是必须翻译出来的。

【例 1】He died on a Monday.

译文：他是在一个星期一去世的。

例 1 中的“a”表示“某个”，并不是所有星期一中的随意一个，而是说话者不确定死者去世的时间具体是什么时候，用“Monday”表示一个比较模糊的时间概念。如果省略了“a”，变成了“他是在星期一去世的”，意思就和原句相去甚远了。

【例 2】The news made her all the sadder.

译文：这消息让她更加悲伤。

定冠词“the”用在“all”与形容词比较级之间，表示“更加……”，因此在译文中这个定冠词是与其搭配词的语义融合在一起的；而“the news”当中的定冠词表示“她”当时所听到的那一则特定的消息，所以在译文中翻译为“这”，表示强调。

二、感叹词的翻译

我们在英语学习过程中常常会碰到大量的英语感叹词。英语感叹词是英语词类中的一种。正确理解、运用感叹词，对理解文章、疏通文理、解读感情都具有很重要的作用。学习者要想准确无误地把握英语感叹词，首先应从了解感叹词的特点及基本用法入手。

英语感叹词是人们谈话时表达某种感情或反映自身心理情绪、状况的词语。在任何一句话中，只要有感叹词的存在，就能够用来表达说话人表面的或内心的情感。英语感叹词多用于口语中，在小说、戏剧、影视等的人物语言中尤为突出。通过英语口语练习我们可以感受到，英语感叹词是一种特殊的声音。它可以增添文章的色彩，增强人物语言的表现力，更清楚地展现人物的性格。英语感叹词能表现各种各样的思想感情，如惊奇、兴奋、痛苦、满足、喜悦、沮丧、失落等。这些感叹词一旦在文章或某个单句中出现，就会给听者或读者留下强烈的印象。

英语感叹词虽然能表达人们说话时各种不同的思想感情，但在很多情况下，它本身没有具体的词汇意义。要判断感叹词在言语中到底表现着一种什么样的情感，仅仅从它自身来判断是较困难的，应联系说话人谈话的内容、对象、方式，以及其他语言环境上下文意义和标点符号等来判断。

英语感叹词在言语中的作用是很明显的，如可以起到加强语气、引起注意、烘托气氛、突出人物性格、增添文章色彩等作用。下面将一些常见的英语感叹词的基本用法列出，以便读者可以具体体会各种感叹词所表达的不同情感。

（一）用作句子的开头语

1. 表示赞同与不赞同

常用的开头语有“yes”和“no”以及两个词的多种变形词，如“yeah”“yep”“all right”“certainly OK”“sure enough”“very well”“nah”和“nope”等。例如：

Yes， you are right.（对，你很正确。）

No，don 't agree with you.（不，我不同意你的意见。）

OK， you can stop here.（好吧，你可以停下来了。）

No，I don 't think he will come.（不，我认为他不会来。）

2. 引起注意

常用的开头语有“hell”“hey”“hi”“listen”“look”“say”“tell me”和“you know 等”。例如：

Hell，how are you?（喂，你好吗？）

Say，what did he tell you?（喂，他都告诉了你什么？）

Look! The train is coming.（瞧，火车来了。）

3. 表示沉默、填补或犹豫

这类词是说话人为了争取时间调整思绪而发出的声音，常用的有“oh”“now”“ugh”“well”等。例如：

Oh，it' s time went home.（哦，我该回家了。）

Well，maybe you're right.（好吧，也许你是对的。）

Now，don 't cry any more.（好了，别再哭了。）

（二）用作自发性的反应语（感叹语）

这类词或词组表示说话人对惊奇、恐惧、痛苦、悲伤、欢乐、厌恶、愤怒、勉强、怀疑等做出的自发反应，常用的有“ah”“oh”“ouch”“wow”等。例如：

Aha，there's car coming!（啊哈，有辆车来了。）（兴奋）

Ouch，my foot!（哎呀！我的脚啊！）（疼痛）

Wow，your English is so good!（哇，你的英语真棒！）（惊奇，羡慕）

三、连词的翻译

连词主要在句子当中起连接作用，连接词与词或者分句与分句。英语连词包括从属连词和并列连词。从属连词引导从句，如“that”“which” “when” “where” “if” 等。并列连词连接两个并列的词、短语或分句，包括“and” “or” “but”等。

【例】If teacher，parents and psychologists understand the mistakes that can be made in ascribing a meaning to life，and provided they do not make the same mistakes themselves，we can be confident that children who lack social feeling will eventually develop a better sense of their own capacities and of the opportunities in life.

译文：假如教师、父母和心理学家理解孩子们在对生活意义认识方面可能犯下的错误，假如这些人自己不犯同样的错误，我们就会确信：缺乏社交情感的孩子最终会对自己的能力及生活中的机会具有更佳的判断能力。

与英语不同，汉语是一种意合性语言，很多地方的连词是省略了的，如“你、我、他”，而形合性语言的英文就必须说成“you, he and me”，这个 and 是不可省略的连接词。根据上面这段英文的译文，我们也可以体会出汉语意合的一些特征。

译文中只出现了两个连词，原文所有的从属连词全部融入整个句子的意思中了。由于汉语的意合性，汉语的词和词之间、词组之间与句子之间常常没有明显的连词，而是靠人们约定俗成的语言内在逻辑串联起来的，连接得非常灵活。我们常说的“尽在不言中” “言下之意”或“不言自明”，便是对汉语这个特征的最好写照。而英语的形合性决定了英语行文的结构严密、语法规范。英语连词是虚词的一种，其语法功能远远大过其实际意义。所以，在英译汉的时候，一定要注意英汉之间形合和意合的差别。在翻译连词时，译者可根据具体的语境选择省译、增补、转译等方法。

（一）连词的省译

连词的省译，可使译文的意合性增强。

【例 1】Do you want your coffee with or without sugar？

译文：您的咖啡要不要加糖?

【例 2】I can't come today or tomorrow.

译文：我今明两天都不能来。

这两个句子当中的“or”在翻译当中都被省略了，直接意合为“要不要”和“今明两天”。

（二）连词的增补和转译

英语连词的翻译难度不大，但是译文要符合汉语的语言习惯和行文规范，有时候会涉及英语连词的增补和转译。这需要译者对原文的深层逻辑关系有准确的把握。

【例 1】He went and lost my pen!

译文：他居然把我的钢笔弄丢了！

这个句子中的“and”没有实际的连接意义，只是在“and”之后表示说话者的惊讶或愤怒。因此，在译文当中，我们完全找不到类似“和”“且”等表示连接的字或者词。

【例 2】We got there nice and early.

译文：我们早早就到了那里。

同样，这个句子中的“and”在翻译时也意合到了整个语境中，译为“早早就”。

四、介词的翻译

英语当中的介词用法繁多，所起的作用也各不相同。一般来说，介词按结构可分为：简单介词如“about”“up”“during”等，合成介词如“alongside”“inside”“throughout”等，带“-ing”词尾的介词如“barring”“following”等，短语介词如“according to”“on behalf of ”“together with”等。如果按照意思分类，介词又可分为：引导时间短语的介词如“at”“on”“till”等，引导地点短语的介词如“in”“between”“among”等，引导其他短语的介词如“with”“in spite of”“owing to”等。不管如何分类，所有的介词都没有独立的意思，也不能在句子中作为独立的成分存在，只能与名词、代词、动名词、另一个介词、副词或形容词等以介词短语的形式在句中充当成分。

在英汉翻译当中，介词的翻译也是非常灵活的，经常会根据具体语境处理为汉语的动词，也可译成汉语的介词、定语、状语，或采用成语转译，甚至省译。

【例 1】She is out of work.

译文：她失业了。

【例 2】The old man is familiar with the town.

译文：那位老人对这个镇很熟悉。

【例 3】The house next to ours was burnt down last week.

译文：我家旁边的房子上周被烧毁了。

【例 4】At last he went back on foot.

译文：最终他还是走回去了。

【例 5】What are the major differences between British English and American English?

译文：英式英语和美式英语有什么主要的区别？

【例 6】He fell for her at first sight.

译文：他对她一见钟情。

第四章　跨文化背景下的英汉语句翻译

汉语是意合性的语言，只要在上下文中，意思上能够理解，就可省去任何东西，而不考虑语法或逻辑关系。在汉语中，没有主语或没有宾语的句型很普遍，因而译者在英译时常需要将隐含的主语或宾语补上，以符合英语语法习惯。

第一节　特殊结构句的翻译

一、汉语无主句、无宾句的处理

著名翻译学家刘宓庆①认为，“在处理每一个语段时，必须试做‘完形分析’，力图捋清每一个非完整句（或词组）的结构”，要对汉语形式结构进行补足，“一般待补足的部分主要是主语、宾语及连接词”。

在翻译汉语无主句时，译者可以使用以下几种方法。

（1）补上人称代词作为主语，这是在口语体翻译中常用的一种办法。

（2）补上语义比较虚泛的名词当主语。

（3）转为英语被动语态，这种方法常用于正式文体，如科技论文。

（4）将汉语句子中的其他非主语成分转成英语主语。

（5）补上省略的宾语。

---

① 刘宓庆，中国香港人，祖籍湖南新宁，生于1939年11月，毕业于北京大学，曾在美国纽约州立大学研究生院主修语言及语言教学理论，历任北京大学、厦门大学教授或客座教授，并在联合国组织机构任翻译。

（一）补上人称代词作为主语

【例】加强思想政治工作，讲艰苦奋斗都很必要，但只靠这些还是不够。(《邓小平文选》)①

译文 1：It is most essential to strengthen ideological and political work and stress the spirit of hard struggle，but counting just on these will not suffice.（《北京周报》）

译文 2：Although we have to strengthen ideological and political work and stress the need for hard struggle，we cannot depend on those measures alone.（外文出版社）

分析：《北京周报》②译文机械地将“只靠这些”译成“counting just on these”，但使用“counting”充当英语主语不是十分常用、地道。外文出版社译文改用添加人称代词主语“we”的办法，读上去更口语化、更顺畅。

（二）补上语义虚泛或具体的词语充当主语

【例】过去，只讲在社会主义条件下发展生产力，没有讲还要通过改革解放生产力，不完全。

译文：In the past we only stressed expansion of the productive forces under socialism without mentioning the need to liberate them through reform. That conception was incomplete.

分析：“不完全”可视为“这不完全”的省略形式，英译时可补上主语。补上的主语可以是较虚的“that”，也可以在可能的范围内将其更具体化一些。上面译文补上了“That conception”，比“that”更具体、更清楚。

（三）转为被动语态

【例】基本路线要管一百年，动摇不得。

译文：The basic line should be adhered to for 100 years，with no vacillation.

分析：以上译文采用被动语态进行处理，语义正确，在书面语中比较妥当。但在口语体中，应避免使用被动语态，可采用添加人称代词当主语，如“We should adhere to the basic line for a hundred years，with no vacillation.”

---

① 《邓小平文选》是 1993—2010 年人民出版社出版的邓小平著作、讲话选集，由中共中央文献编辑委员会编辑，已出版 3 卷。

② 《北京周报》（*Beijing Review*）是中国唯一的英文新闻周刊，于 1958 年在周恩来总理的亲切关怀下创办，是中央级重点对外宣传刊物之一。

（四）将非主语成分转为主语

【例】自然而然地也能感觉到十分的秋意。

译文 1：And a sense of the fullness of autumn will come upon you unaware.

译文 2：And an intense feeling of autumn will of itself well up inside you.

分析：上述两个译文是从客观角度翻译的，都将原句谓语动词译为译文中的主语。

（五）补上省略的宾语

汉语动词往往没有宾语，隐含的宾语需要读者自己通过推理得出。例如某人说："我有如下一个建议……"另一人说："我接受。""接受"的隐含宾语就是"建议"。英语中及物动词较多，不宜说"accept"，应说"accept it"，必须把宾语显示出来。

二、省略句

语言的使用以简洁为贵。人们在说话、写作和翻译时，有时出于句法和修辞的需要，常常省去某些不必要的成分，而意思仍然完整。这种缺少一种或一种以上成分的句子被称为省略句。英语和汉语中都存在省略句。省略的形式多种多样，可以是主语、谓语和宾语，也可以是一个成分或多个成分。对省略句的翻译，不管是英译汉，还是汉译英，关键就在于对省略成分的准确理解，然后翻译时根据译文语言的表达习惯，增加或省略被省略的成分。如果看不清楚被省略的部分，就会产生误解，导致翻译错误。下面探讨翻译省略句的常用方法。

（一）原文中省略的部分，译文中补出

省略是英语句子的一种习惯用法。英语句子中的某个或某些成分有时在句中可以不必出现，或者前面已出现过的某些成分，为了避免不必要的重复，后面可以不再出现。英语中的各种成分，如主语、谓语动词、表语、宾语、定语和状语等，都可以在句中省略。但翻译时，准确理解被省略的成分，可将其在译文中补出。

【例 1】The symbol for hydrogen is H; for oxygen，O; for nitrogen，N.

译文：氢的符号是 H；氧的符号是 O；氮的符号是 N。（增加主语）

【例 2】Courage in excess becomes fool hardiness，affection weakness，thrift avarice.（省略定语和谓语动词）

译文：过度的勇气变为蛮勇，过度的爱变为溺爱，过度的节俭变为贪婪。

【例 3】Truth speaks too low，hypocrisy too loud.（省略谓语动词）

译文：真理讲话声太低，虚伪嗓门太大。

（二）原文中省略的部分，译文继续省略

英语中被省略的部分，有时根据译文需要，也可以在译文中省略。例如有些从句中省略了和主句中相同的部分，此时根据需要，可以省略原文中被省略的部分，尤其是由“than”引导的比较从句，从句中被省略的部分常常不译。

【例 1】What if the sun is not shining?（what will happen if...）

译文：如果没有太阳照耀，那怎么办？

【例 2】In 1975，the number of students in our school is about five hundred，and in 2005，over four thousand.

译文：1975 年，学校的学生人数为 500 左右；2005 年，已超过 4000 人。

【例 3】The culture and customs of America are more like those of England than of any other country.

译文：美国的文化和风俗习惯与其他国家相比，和英国最为接近。

在汉译英时，有时根据英语的行文表达习惯，也可以省略一些成分。

三、倒装句

一般来说，英语陈述句的正常词序为“主语 + 谓语动词 + 宾语（或表语）+ 状语”。但英语的词序比较灵活，有时为了强调句中某一成分，从修辞角度考虑，可将句中的有关成分提前，构成倒装。英语的倒装可分为结构性倒装和修辞性倒装两大类。倒装句的翻译关键在于对倒装句的理解，而理解的关键在于对句子做出正确的语法分析，找出句子的主干，确定什么成分被倒装。一般来讲，翻译结构性倒装，汉语可采用正常语序；翻译修辞性倒装，可根据译文的需要，或保留原文语序，即仍然在汉语中使用倒装语序，或采用正常语序。

（一）结构性倒装的翻译

结构性倒装是由语法结构的需要引起的倒装，主要包括疑问倒装，“there be”结构倒装，虚拟倒装，以“there”“here”“then”“thus”“now”“so”“nor”和“neither”等副词位于句首引起的倒装。结构性倒装的翻译一般采取正常语序。

【例 1】Are you fond of country music?

译文：你喜欢乡村音乐吗？

【例 2】There is nothing on the table.

译文：桌子上什么也没有。

【例 3】Had they been given more help，they would not have failed.

译文：假如给予他们更多的帮助，他们就不会失败了。

【例 4】Tom didn't like sports programs. Nor did his wife.

译文：汤姆不喜欢体育节目，他的妻子也不喜欢。

（二）修辞性倒装的翻译

修辞性倒装的目的是加强语气，或避免头重脚轻，它包括句首为表示地点的介词或介词短语、否定倒装、让步倒装、“only”位于句首引起的倒装、为了叙述方便或使情景描写更加生动形象而引起的倒装等。这类倒装根据需要可采用正常语序或倒装语序进行翻译。

【例 1】Little do we suspect that the region is rich in water resources.

译文：这一地区水利资源丰富，我们对此深信不疑。（正常语序）

【例 2】Talent，Mr. Robert has; capital，Mr. Robert has not.

译文：说到才能，罗伯特先生是有的；谈到资本，他却没有。（倒装语序）

【例 3】Tired as he was， my brother went on working.

译文：虽然累了，我的哥哥仍然坚持工作。（正常语序）

【例 4】Most information we get from him.

译文：大部分消息我们是从他那里得来的。（倒装语序）

四、分词短语和分词独立结构的翻译

分词短语可分为现在分词短语和过去分词短语。一般来说，分词短语的翻译并不难，可根据它们在句中充当的成分译成汉语中相应的成分。这里主要探讨分词短语做状语时的翻译。分词短语做状语，可表时间、原因、方式、结果、条件和伴随状况等逻辑关系。分词短语翻译的关键在于要准确理解分词短语与句子谓语动词之间的逻辑关系，然后在译文中补充表示相应逻辑关系的词语。

【例 1】Not knowing the language，he didn't know how to ask the way.

译文：他因为不懂语言，不知道怎样问路。（表原因）

【例 2】The hunter fired，killing a fox.

译文：猎人开枪打死了一只狐狸。（表结果）

【例 3】Shouting loudly，the children ran to the zoo.

译文：孩子们大声喊叫着朝公园跑去。（表伴随）

【例 4】Having more money，I could afford to buy the house.

译文：如果有更多的钱，我就能买下这座房子了。（表条件）

【例 5】Being metal，mercury is not solid.

译文：汞虽是金属，但不是固体。（表让步）

【例 6】Coming out to the street，I felt a bit cold.

译文：来到大街上之后，我感到有点儿冷。（表时间）

当分词短语做状语，带有自己的逻辑主语时，这种结构称为独立结构。独立结构可表示时间、原因、条件或伴随状况等逻辑关系。分词独立结构的翻译关键在于弄清楚独立结构表示什么关系，然后在译文中补充表示相应逻辑关系的词语。

【例 7】Weather permitting，we will have the match.

译文：如果天气允许，我们就举行比赛。（表条件）

【例 8】Her leg wounded，Ellen could do nothing but stay at home.

译文：腿受伤了，埃伦只好待在家里。（表原因）

五、并列结构句

汉语的动词没有形态变化，所以从表面形式上看并列的结构较多。英语动词可以呈现不同的形态，如动词原型、动词不定式、分词。此外，在汉译英中常出现词性转换的情况，如汉语动词可转为英语名词、介词等。因此，在英译的过程中，汉语的并列结构常转为不并列的结构而失去原汉语的平衡美感。有时译者应有意识地保持英译文中词汇形态的一致性和结构的平衡性。如果出现形态不一致，可以改变英译文中词汇的词性、词形，甚至增补语义不明显的词汇，以求形态一致。

当然，有时汉语句型结构也会比较随意。翻译时如发现汉语语义上并列，但结构上未处于并列关系，译者应调整词序，使它们处在相应的结构上，这样可增强译文的平衡感和可读性。

（一）把汉语并列结构译成英语并列结构

【例】现在，我们发展社会主义市场经济，与马克思主义创始人当时所面对和研究的情况有很大不同。

译文 1：At present，we are putting in place socialist market economy. But the conditions we are faced with are quite different from those the founders of Marxism were faced with and studied.

译文 2： At present，we are putting in place socialist market economy. But the conditions we are faced with are quite different from those the founders of Marxism faced and studied.

分析: 通常认为第二种译法质量较好,该译文用主动的“face”,既与“studied”平衡并列，又避免了与前面的“are faced with”重复。

（二）把汉语非并列结构改成英语并列结构

【例】鼓励、支持和规范社会力量办学、中外合作办学。

译文：The government will encourage，support and standardize school management by non-governmental sectors or by Chinese-foreign cooperation.

分析：“社会力量”是具体名词，“中外合作”是抽象名词，如果译成“by non-governmental sectors or by Chinese-foreign cooperation”，未取得平衡，因为“sectors”是具体名词，“cooperation”是抽象名词。如果把“cooperation”换成“undertakings”，这一问题便可以解决。

六、被动句

语态是动词表示主语与谓语关系的一种形式，可分为主动语态和被动语态两种。主动与被动虽是人类认识客观世界的两种不同的角度，但表达了同一个事实。两者在意义上的差别在于：主动语态表示主语是谓语动词动作的执行者，叙述强调的是动作；被动语态表示主语是谓语动词动作的承受者，叙述强调的是动作完成后所呈现出来的状态。

主动与被动表现形式的差异主要取决于语言自身的特点，但同时与一个民族的文化和思维方式有关。中国文化的最高境界是“天人合一”。中国的传统哲学注重物我合一，强调思维上的整体观，在“物”与“人”的关系上，强调“万物与我为一”，也就是说，在人和万物之间和谐统一的关系中，人要起主导作用，体现了中国人思维模式中的主体意识。这种主体意识使中国人认为行为和动作一定是“人”这个主体才能进行和完成的，于是汉语中许多时候，不管是主动意义还是被动意义，句子多用主动句来表示。西方哲学的“人为万物尺度”讲究物我分明，主客体对立。所以，在西方人的思维中，该强调物时，就是客体意识；该强调人时，就是主体意识。这体现在主动和被动的使用上，该强调“人”即动作的执行者时，就用主动句；该强调“物”即动作的对象时，就用被动句。

英语是形合语言，具有丰富的形态变化，特别是动词。英语的被动句是由被动语态来表达的，由“be+动词的过去分词”构成，是显性的。汉语是意合语言，基本上没有形态变化，动词本身也不具备被动语态，所以汉语被动含义的表达缺乏形态形式标志，是隐性的，是依靠其他手段实现的。

（一）英语被动句的翻译

1. 译为汉语带形式标志的被动句

英语的被动句如果表示的是不幸或不愉快的事，而且句中带有施事者，可以将其译为汉语的被动句，用“被”“给”“让”“叫”“由”“为……所”等词引出动作的执行者。英语的被动句也有不表示不幸或不愉快的事情，但句中有动词不定式、名词、形容词等表示主语的补足语，也可译为汉语的被动句。

【例 1】The young man was shot yesterday by a man in stocking mask.

译文：一位年轻男子昨天被一蒙面男子枪杀了。

【例 2】The young woman was abandoned by her husband.

译文：这个青年妇女被她的丈夫遗弃了。

【例 3】The patient is being operated on by the doctor.

译文：病人正在由医生动手术。

2. 借助汉语的词汇手段表示英语的被动句

【例 1】Our foreign policy is supported by the people all over the world.

译文：我们的对外政策受到全世界人民的支持。

【例 2】Poets are born，but orators are made.

译文：诗人是天生的，而演说家则是后天造就的。

【例 3】Private enterprise and industry were permitted and encouraged.

译文：私人企业和工业得到了许可和鼓励。

3. 译为汉语的意义被动句

英汉两种语言中都有意义被动句，它们形式上是主动句，但从逻辑意义上分析，却是被动句。汉语中的意义被动句比英语中的意义被动句多很多，因此不少英语被动句可译成汉语的意义被动句。

【例 1】Too many books have been written about the Second World War.

译文：关于第二次世界大战的书写得太多了。

【例 2】His pride must be pinched.

译文：他这股傲气应该打下去。

【例 3】On their domestic stations, the situation in the Middle East was dismissed brief.

译文：在他们国内的广播中，中东形势只简单地报道了一下。

4. 状语译为主语、原主语译为宾语的被动句

当被动句中有由介词“by”引起的状语时，可将这种状语译成汉语的主语，而将原主语译为宾语。

【例 1】The result of the invention of the steam engine was that human power was replaced by mechanical power.

译文：蒸汽机发明的结果是，机械力代替了人力。

【例 2】By the end of the war，800 people had been saved by the organization.

译文：大战结束时，这个组织救了 800 人。

5. 译为汉语的泛指人称句

通过增加泛称主语，如“人家”“大家”“别人”“有人”“人们”等，将英语被动句译为泛指人称句。

【例 1】They were seen repairing the machine.

译文：有人看见他们在修理机器。

【例 2】I did not recognize him until he was pointed out to me.

译文：我起先认不出他，后来等到别人指出才知道。

【例 3】They were said to be building another bridge over the river.

译文：有人说他们正在这条河上建另一座桥。

6. 译为汉语的无主句

【例 1】These instruments must be handled with great care.

译文：必须小心操作这些仪器。

【例 2】Attention has been paid to the new measures to prevent corrosion.

译文：已经注意到采取防腐新措施。

【例 3】It must be pointed out that China is a developing country and will never be superpower.

译文：必须指出的是，中国是一个发展中国家，永远不会称霸世界。

7. 译为汉语的“把字句”

【例 1】These questions should not be confused.

译文：不要把这些问题混在一起。

【例 2】In the first battle of this period two divisions were disarmed and two commanders were captured.

译文：第一仗就把敌军两个师解除了武装，俘虏了两位师长。

8. 译为汉语的“进行句”

【例 1】The dinner is cooking.

译文：饭正在做。

【例 2】The film is showing in cities.

译文：这部电影正在市内各电影院放映。

9. 常见被动式句型的译法

英语中有不少常用的被动结构，一般已有习惯的译法。例如：

The principle of ... is outlined.　本文概述……的原则。

An account of ... is given.　本文叙述……

An analysis of...was carried out.　本文做了……的分析。

be known as...　被称为……

be spoken of as...　被说成……　……被称为……

considered to be...　被认为……　被看作……

be treated as...　被当作

be defined as..　被定义为……　定义是……

It is said that...　据说……

It is reported that...　据报道…

It is found that...　人们发现……

It is supposed that...　据推测……　假定……

It is announced（declared，claimed）that...　据称……　有人宣称……

It is asserted that...　有人主张……

It should be pointed out that...　必须指出……

It must be admitted that...　必须承认……

It is generally agreed（recognized）that...　人们通常认为（承认）……

It is demonstrated that...　据证实……　已经证明……

It is well known that...　众所周知……　大家都知道……

（二）汉语句子向英语被动句的转换

1. 将一些表示情感变化的主动句译为英语的被动句

汉语中表达由客观环境造成的处境、感受和情感上的变化时，句子常用主动。而英语在表达由客观环境造成的处境、感受和情感上的变化时，句子常用被动。

【例 1】敌军官听说后路已被切断，吓得目瞪口呆。

译文：The enemy officer was stunned by the news that the route of retreat had been cut off.

【例2】知识分子的问题就是在这样的基础上提出来的。

译文：On such a basis has the question of the intellectuals been raised.

【例3】这件事感动了上帝，他就派了两个神仙下凡，把两座山背走了。

译文：God was moved by this，and he sent down two angels，who carried the mountains away on their backs.

2. 将一些汉语中的话题评说句译为英语的被动句

汉语中有一些话题评说句，这类句子可以被译为英语的被动句。汉语中还有一些存现句，也可以被译为英语的被动句。

【例】国际争端应在此基础上予以解决，而不诉诸武力和武力威胁。

译文：International disputes should be settled on this basis，without resorting to the use or threat of force.

3. 将汉语中的一些意义被动句译为英语的被动句

【例】那不行！前天董事会已经派定了用场。（巴金《子夜》）

译文：Nothing doing there，I'm afraid. All the money was allocated to various uses at the board meeting the day before yesterday.

4. 将汉语中的无主句和泛指人称句译为英语的被动句

无主句是汉语中经常使用的句型。这类句子通常省略主语或隐含主语。处理这类句子最常用的方法就是将其译为被动句。泛指人称句指句中的主语是“大家”“人家”“有人”“他们”等的句子。这类句子主语所指不确定，其重要性不及宾语，因此常将这类句子译为被动句。

【例1】可以有把握地说，会议会如期召开的。

译文：It may be safely said that the meeting will be held on schedule.

【例2】弄得不好，就会前功尽弃。

译文：If things are not properly handled，our labour will be totally lost.

【例3】我们大家应当把地球作为一个整体去研究解决环保问题。

译文：The problem of environmental protection should be recognized and resolved in the light of that the earth is a whole subject.

5. 将汉语中一些被动句直接译为英语的被动句

这类句子主要有两种：一种是带被动标志（如“被”“为”“叫”“给”“由”“为……所”等）的被动句；另一种是借助词汇手段，如“受（到）”“遭（受）”“蒙”“挨”“得到”“加以”“给以”“予以”等构成的被动句。

【例1】社会上形形色色的人物被区分得一清二楚。

译文：People of all sorts in our society have been clearly reveal for what they are.

【例 2】他深受大家的尊敬。

译文：He is greatly respected by everyone.

【例 3】我希望大会的各项决议终将得到各会员国，尤其是以色列的尊重。

译文：I hope the resolution of the General Assembly will at last be respected by Member States and by Israel in particular.

6. 将汉语中的“是……的”结构译为英语的被动句

汉语中的“是……的”结构，用来说明一件事是怎样的，或在什么时间、什么地点做的，带有解释的语气，英译时常常被译为被动句。

【例】那部科幻小说是我的一个朋友译成中文的。

译文：The science fiction has been translated into Chinese by a friend of mine.

7. 将汉语中的“把”字句和“使”字句译为英语的被动句

汉语中有一些“把”字句和“使”字句，根据表达的需要，可以被译为英语的被动句。

【例】把他们吓得魂不附体。

译文：They are scared out of their wits.

第二节　英语从句的翻译

一、定语从句的翻译

（一）限制性定语从句的翻译

限制性定语从句对所修饰的先行词起限制作用，与先行词关系密切，不用逗号隔开。译者翻译这类句子时可以采用以下方法。

第一，前置法。前置法就是将英语限制性定语从句译成带“的”字的定语词组，放在被修饰的词前面，从而将复合句译成汉语单句。这种方法常用于比较简单的定语从句。

【例 1】Everything that is around us is matter.

译文：我们周围的一切都是物质。

【例 2】That is the reason why I did it.

译文：这就是我这样做的原因。

【例 3】The man who doesn't try to learn from others cannot hope to achieve much.

译文：一个不向别人学习的人是不能指望有多少成就的。

【例 4】The few points which the president stressed in his report are very important indeed.

译文：院长在报告中强调的几点的确很重要。

第二，后置法。如果定语从句的结构比较复杂，译成汉语前置定语显得太长而不符合汉语表达习惯时，可以译成后置的并列分句。

首先，可以译成并列分句，省略英语先行词。

【例 1】He is a surgeon who is operating patient on the head.

译文：他是一位外科医生，正在给病人的头部动手术。

其次，可以译成并列分句，重复英语先行词。

【例 2】She will ask her friend to take her son to Shanghai where she has some relatives.

译文：她将请朋友把她的儿子带到上海，在上海她有些亲戚。

第三，融合法。融合法是把原句中的主句和定语从句融合在一起译成一个独立句子的一种方法。

【例】There is a man downstairs who wants to see you.

译文：楼下有人要见你。

（二）非限制性定语从句的翻译

英语非限制性定语从句对先行词不起限定作用，只对它加以描写、叙述或解释。译者翻译这类从句时可以运用下列方法。

第一，前置法。一些较短的且具有描写性的非限制性定语从句可以译成“的”字前置定语，放在被修饰词的前面。

【例 1】The emphasis was helped by the speaker's mouth，which was wide，thin and hard set.

译文：讲话人那又阔又薄又紧绷的嘴巴，帮助他加强了语气。

【例 2】He liked his sister，who was warm and pleasant，but he did not like his brother，who was aloof and arrogant.

译文：他喜欢热情、快乐的妹妹，而不喜欢冷漠、高傲的哥哥。

第二，后置法。后置法的处理主要有以下两种情况：

首先，译成并列分句。

【例 1】After dinner，the four key negotiators resumed the talks，which continued well into the night.

译文：饭后，四位主要人物继续进行谈判，一直谈到深夜。

其次，译成独立分句。

【例 2】They were also part of a research team that collected and analyzed data， which was used to develop a good ecological plan for efficient use of the forest.

译文：他们还是一个研究小组的成员，这个小组收集并分析数据，用以制订一项有效利用这片森林的完善的生态计划。

（三）兼有状语功能的定语从句

英语中有些定语从句兼有状语从句的功能，在意义上与主句有状语关系，说明原因、结果、目的、让步、条件、假设等关系。译者在翻译时，应根据原文发现这些逻辑关系，然后译成汉语的各种相应的偏正复合句。

1. 译成时间偏正句

【例】Electricity which is passed through the thin tungsten wire inside the bulb makes the wire very hot.

译文：电通过灯泡里的细钨丝时，会使钨丝变得很热。

2. 译成目的偏正句

【例】He wishes to write an article that will attract public attention to the matter.

译文：他想写一篇文章，以便引起公众对这件事的注意。

3. 译成结果偏正句

【例】There was something original，independent and heroic about the plan that pleased all of us.

译文：这个方案富于创造性、独具匠心、很有魅力，我们都很喜欢。

4. 译成让步偏正句

【例】The question，which has been discussed for many times，is of little importance.

译文：这个问题尽管讨论过多次，但没有什么重要性。

5. 译成条件、假设偏正句

【例】The remainder of the atom, from which one or more electrons are removed, must be positively charged.

译文：如果从原子中移走一个或多个电子，则该原子的其余部分必定带正电。

二、名词性从句的翻译

（一）主语从句的翻译

以“what”“whatever”“whoever”等代词引导的主语从句可按原文的顺序翻译。其中，以“what”引导的名词性关系从句可译为汉语的“的”字结构，或在译成的“的”字结构后适当增词。

【例 1】Whoever did this job must be rewarded.

译文：无论谁干了这份工作，一定要得到酬谢。

【例 2】What he told me was half-true.

译文：他告诉我的是半真半假的东西而已。

以“it”做形式主语的主语从句，在翻译时根据情况而定，可以将主语从句提前，也可以不提前。

【例 1】It doesn't make much difference whether he attends the meeting.

译文：他参加不参加会议没有多大关系。

【例 2】It seemed inconceivable that the pilot could have survived the crash.

译文：驾驶员在飞机坠毁之后，竟然还活着，这似乎是不可想象的。

（二）宾语从句的翻译

以“what”“that”“how”等引导的宾语从句，在翻译时一般不需要改变它在原句中的顺序。

【例】Can you hear what I say？

译文：你能听到我所讲的话吗？

（三）表语从句的翻译

同宾语从句一样，表语从句一般也可按原文顺序进行翻译。

【例 1】This is what he is eager to do.

译文：这就是他所渴望做的事情。

【例 2】That was how small nation won the victory over big power.

译文：就这样，小国战胜了大国。

【例 3】This is where the shoe pinches.

译文：这就是问题的症结所在。

（四）同位语从句的翻译

一般情况下，同位语用来对名词或代词做进一步解释。单词、短语或从句都可以做同位语。翻译时，并没有对同位语的顺序做过多规定，一般可以保留同位语从句在原文中的顺序，也可以将从句提前。

【例 1】It does not alter the fact that he is the man responsible for the delay.

译文：延迟应由他负责，这个事实是改变不了的。

【例 2】He expressed the hope that he would come over to visit China again.

译文：他表示希望再到中国来访问。

此外，译者在翻译时，还可以采用增加“即”或“以为”，或用破折号、冒号，将同位语从句与主句分开的方法。

【例 3】But it ignores the fact that，though pilots，we potentially were in as much danger of capture as any covert agent.

译文：但忽略了这一点，即虽说我们是飞行员，却和任何潜伏的特务一样有被俘的危险。

三、状语从句的翻译

（一）时间状语从句的翻译

对于时间状语从句的翻译，这里以较为复杂的“when”为例进行说明。译者在翻译“when”时间状语从句时，不能拘泥于表示时间的一种译法，要结合实际环境，采用不同的翻译方法。具体翻译方法有以下几种。

1. 译为相应的表示时间的状语从句

【例】When she spoke the tears were running down.

译文：当她说话的时候，眼泪都流下来了。

2. 译为“刚……就……”“一……就……”结构

【例】Hardly had we arrived when it began to rain.

译文：我们一到就下雨了。

3. 译为“每当……”“每逢……”结构

【例】When you look at the moon, you may have many questions to ask.

译文：每当你望着月球时就会有许多问题要问。

4. 译为“在……之前”“在……之后”结构

【例】When the firemen got there, the fire in their factory had already been put out.

译文：在消防队员赶到之前，他们厂里的火已被扑灭了。

5. 译为条件复句

【例】Turn off the switch when anything goes wrong with the machine.

译文：一旦机器发生故障，就把电门关上。

6. 译为并列句

【例】He shouted when he ran.

译文：他一边跑，一边喊。

（二）条件状语从句的翻译

1. 译为表“条件”的状语分句

【例 1】If you tell me about it, then I shall be able to decide.

译文：如果你告诉我实情，那么我就能做出决定。

【例 2】Presuming that he is innocent, he must be set free.

译文：假如他是无罪的，就应当释放他。

2. 译为表“补充说明”的状语分句

【例】He is dead on the job. Last night if you want to know.

译文：他是在干活时死的，就是昨晚的事，如果你想知道的话。

3. 译为表“假设”的状语分句

【例】If the government survives the confident vote, its next crucial test will come in a direct votc on thc treaties May 4.

译文：假使政府经过信任投票而保全下来的话，它的下一个决定性的考验将是 5 月 4 日就条约举行的直接投票。

（三）原因状语从句的翻译

1. 译为因果偏正句的主句

【例】Because he was convinced of the accuracy of this fact, he stuck to his opinion.

译文：他深信这件事正确可靠，因此坚持己见。

2. 译为表原因的分句

【例】The crops failed because the season was dry.

译文：因为气候干旱，农作物歉收。

（四）让步状语从句的翻译

1. 译为表“无条件”的状语分句

【例】No matter what misfortune befell him he always squared his shoulder and said，"Never mind." I'll work harder.

译文：不管他遭受到什么不幸的事儿，他总是把胸一挺，说：“没关系，我再加把劲儿。”

2. 译为表“让步”的状语分句

【例】While this is true of some，it is not true of all.

译文：虽有一部分是如此，但不见得全部是如此。

（五）目的状语从句的翻译

1. 译为表“目的”的前置状语分句

【例】We should start early so that we might get there before noon.

译文：为了在正午以前赶到那里，我们应该尽早动身。

2. 译为表“目的”的后置状语分句

【例】He told us to keep quiet so that we might not disturb others.

译文：他叫我们保持安静，以免打扰别人。

第三节　英语长难句的翻译

英语中，由于连词、冠词、介词等功能词的作用，以及非谓语动词、谓语动词等结构形式的存在，英语句子的修饰成分相当复杂，可以是单词、短语，也可以是从句，而且这些修饰成分还可以一个套一个地使用，再加上英汉句子语序上的差异，如定语和状语修饰语的位置差异、句子的逻辑安排差异等，就使英语句子结构复杂、长句较多，有时一段可能只有一句话。对初学翻译的人来说，长句的确使人感到扑朔迷离，翻译起来无从下手。实际上，只要方法得当，长句的翻译并不难。长句的翻译关键在于理解分析。一般来说，对长句的理解分析可采用以下步骤。

第一，通过语法分析，判断出句子是简单句、并列句还是复合句。

第二，具体分析句子结构成分。

如果是简单句，找出句子的主干部分、定语和状语；如果是并列句，找出连接句子的并列连词，然后再具体分析各个并列分句的结构成分；如果是复合句，找出从属连接词，分清主从句，然后再分别分析主从句各自的结构成分。这样，通过层层分析，将长句化繁为简、化整为零。译者在翻译时，采用适当的方法将长句用符合译语表达习惯的语言表达出来；但在表达时，需要注意英汉语言的差异，采用不同的翻译方法灵活处理原文的结构。

一、英语长句的翻译

英语长句的翻译主要采用以下几种方法。

（一）顺译法

有些英语长句讲述的内容是按事件或动作发生的时间先后顺序或内在的逻辑关系排列的，与汉语的表达习惯基本一致。译者在翻译时，一般可按原句的顺序译出。

【例 1】When the soft，low call of the wood-doves，those spirits of the summer，came out of the distance，she would incline her head and listen，the whole spiritual quality of it dropping like silver bubbles into her own great hearts.（Theodore Dreiser，*Jennie Gerhardt*）

译文：每当作为夏季精灵的斑鸠儿从远处发出柔婉呼声的时候，她总侧着脑袋倾听，那声音的全部精髓就跟银色的水泡一般落进她自己那颗伟大的心。（西奥多·德莱塞《珍妮姑娘》[①]，傅东华译）

【例 2】One wretched breathless child，panting with exhaustion，terror in his looks，agony in his eye，large drops of perspiration streaming down his face，

① 《珍妮姑娘》是美国作家西奥多·德莱塞创作的长篇小说。作品讲述了德裔贫民葛哈特的大女儿珍妮为人帮佣，与参议员白兰德相爱。不久，白兰德病故，留下一遗腹女。之后富家子雷斯脱爱上珍妮并与之同居，但在婚事上一直下不了决心，其后因兄弟姐妹的阻拦和反对而苦恼，并在家族的压力下与珍妮分手，重归上流社会，最后和洛蒂·贝丝结婚。

strains every nerve to make head upon his pursuers.（Charles Dickens，*Oliver Twist*）

译文：一个可怜的孩子，累得上气不接下气，神情充满恐怖，目光溢出痛苦，大颗大颗的汗珠从脸上直往下淌，每一根神经都绷得紧紧的，为的是摆脱追捕的人群。（查尔斯·狄更斯《奥立弗·退斯特》，荣如德译）

【例 3】After six months of arguing and final 16 hours of hot parliamentary debates Australia's Northern Territory became the first legal authority in the world to allow doctors to take the lives of incurably ill patients who wish to die.

译文：经过 6 个月的争论及最后 16 个小时的国会辩论，澳大利亚北部地区成为世界上第一个允许医生对想结束生命的绝症患者实施安乐死的合法政府机构。

（二）逆译法

英语中，有些句子的表达顺序与汉语的表达习惯不同，甚至相反。尤其是一些复合句，其主句一般放在句首，即重心在前，而汉语则一般按时间和逻辑顺序将主要部分放在句尾，形成尾重心。对这些句子，译者在翻译时宜采用逆译法，即从后向前译。

【例 1】You must fix in mind the symbols and formulae, definitions and laws of physics no matter how complex they may be，when you come in contact with them，in order that you may understand the subject better and lay a solid foundation for further study.

译文：为了更好地学习物理学并为进一步学习打好坚实的基础，当你接触到物理学上的符号、公式、定义和定律的时候，不论它们多么复杂，你也必须把它们牢牢记住。

【例 2】In reality，the lines of division between sciences are becoming blurred, and science again approaching the "unity" that it had two centuries ago although the accumulated knowledge is enormously greater now，and no one person can hope to comprehend more than a fraction of it.

译文：虽然现在积累起来的知识多得多，而且任何人也只可能了解其中的一小部分，但事实上，各学科间的界限却变得模糊不清，科学再次近似于两百年前那样的“单一整体”。

（三）分译法

英语句子重形合，汉语句子重意合，这是英汉两种语言句子结构的根本差异之一。英语句子的各种成分前后都可有各种各样的修饰语，主从句之间有连接词，短语可以套短语，从句可以套从句，因而英语句子长而复杂。汉语造句采用意合，少用或不用连接成分，叙事按时间或逻辑顺序安排，因而语段结构流散，语义层次分明。这就使汉语中散句、松句、紧缩句、省略句或流水句较多，而长句较少。因此，英汉翻译时，往往需要根据意合的原则，改变原文的句子结构，化整为零，化繁为简，将原文译为并列的散句或分离的单句，以适应汉语的表达习惯，这就是分译法。分译法既适用于翻译单个的单词、短语，也适用于翻译简单句，还可以用来翻译长句或难句。

【例 1】The ancients tried unsuccessfully to explain how rainbow is formed.

译文：古代人曾试图说明彩虹是怎样产生的，但没有成功。（单词分译）

【例 2】Bad weather prevented us from starting.

译文：天气太坏，我们无法动身。（短语分译）

（四）综合法

英语语言的表达习惯往往是将重点部分或概括部分放在句首，然后分析叙述次要部分，而汉语则往往从小到大，按时间或逻辑顺序层层推进，最后得出结论，突出主题。因而在英汉翻译过程中，使用前面所讲的几种方法的确可以解决很多问题。但实际上，英语中有很多长句，纯粹运用顺译法、逆译法或分译法，并不能解决实际问题。那么，在这种情况下，更多的是根据具体情况，并结合上下文，将这几种方法结合起来，或按时间的先后，或按照逻辑顺序，顺逆结合、主次分明地对长句进行综合梳理，这种翻译方法称为综合法。使用综合法可以灵活变通长句语序，使译文的句法通顺自然，更符合汉语的表达习惯和中国人的思维表达方式。

【例 1】① People were afraid to leave their house，② for although the police had been ordered to stand by in case of emergency，③ they were just as confused and helpless as anybody else.

译文：尽管警察已接到命令，要做好准备以应付紧急情况，但人们不敢出门，因为警察也和其他人一样不知所措和无能为力。

分析：原文共三句，译文将第二句拆分成两个分句，使译文共为四句。从逻辑上看，②句表示让步，③句表示原因，①句表示结果。

【例 2】Rocket research has confirmed strange fact which had already been suspected there is a "high-temperature belt" in the atmosphere with its center roughly thirty miles above the ground.

译文：大气层中有一“高温带”，其中心距地面约 30 英里[①]，对此人们早就有个猜想，利用火箭加以研究后，这一奇异的事实得到证实。

二、汉语长句的翻译

汉语句子的特点是呈现话题—评述结构。也就是说，汉语句子由于其逻辑语言的特点和句子的表达以意尽为界，没有语法形式的限制，句子的评述没有结束，可以一直延续下去，其中的意思只用逗号分开，这样，句子就显得较长。而英语句子则不能这样，因为英语句子是主语—谓语结构。不管对主语的说明有没有完，一个句子有了主、谓就可以断掉。因此，译者在翻译汉语长句时，应仔细分析汉语句子结构，弄清句中各层次间的逻辑关系，根据英语的表达习惯选择适当的翻译方法。

汉语长句一般采取顺译、断句和合句这三种翻译方法来处理。

（一）顺译法

当汉英叙述层次一致时，可按原文顺序翻译，在需要的地方加上适当的连接词语。

【例 1】这种制度实行相当长时间的结果就是只有一小撮富裕的资本家千方百计（大多是不正当的）攫夺了大工业、银行、铁路和造船等的支配权，而且搜夺了大部分自然资源，如煤、石油、铁、铜和木材。

译文：The general result of this system's operation over a long period is that relatively handful of rich capitalists have by hook or by crook（most crook），grabbed possession of big industries，banks，railroads and ship-building，as well as most of the nation's natural resources such as coal，oil，iron，copper and lumber.

【例 2】不一会儿，北风小了，路上浮尘早已刮净，剩下一条洁白的大道，车夫跑得更快了。

译文：Presently the north wind dropped a little. By now the loose dust had all been blown away，leaving the roadway clean，and the rickshaw man quickened his pace.

① 英里，英美制长度单位。

（二）断句法

翻译汉语长句时，断句是最常用的一种方法。由于汉语长句多为复句，包含层次较多，逻辑复杂，因此翻译时可根据复句或句子间的逻辑关系，适当将句子分成几句来译，这样可以使结构利落，译文意思表达得更加清晰、明白，符合英语的表达习惯。

【例 1】但他性情与人不同，不求名利，不交朋友，终日只是忙于自己的本职工作。

译文：He is，however，eccentric. He does not seek fame and gain，and does not like to make friends. Every day he is only engaged in his own job.

【例 2】她（刘姥姥）此时又带了七八分醉，又走乏了，便一屁股坐在床上，只说歇歇，不承望身不由己，前仰后合的，蒙眬着两眼，一歪身就睡熟在床上。（曹雪芹《红楼梦》）

译 文：Being still more than half drunk and tired from the walk，she plumped down on the bed to have a little rest. But her limbs no longer obeyed her. She swayed to and fro，unable to keep her eyes open, then curled up and fell fast asleep.

（三）合句法

由于汉语缺少形态变化和足够的关系词，因而汉语组句只能依靠时间顺序和逻辑顺序安排，行文也就一句一句地发展下去。而英语句子结构呈现叠床架屋结构，如果按汉语结构直译，那么译文就会成为一个一个简单的独立句，相互之间没有联系，这不符合英语句子的结构特征。因此，翻译汉语时，不能看一句译一句，要对几个句子从意思上一起分析，根据英语句子结构灵活多样的优势，将逻辑上有关系的几个句子合起来处理，译成一句比较精练的英语句子。在汉语句子比较复杂，很难直译或破句时，常常采用合句手段处理。

【例】有个年轻人，名叫颜回，家里很穷，缺吃少穿，住的房子又小又破。

译文：There was a young man named Yanhui，who was so poor that his family lived in a small，dilapidated house with insufficient food and clothing.

第五章　跨文化背景下的英汉语篇翻译

第一节　英汉语篇的异同

一、英汉语篇的共同点

自然语言的语篇，无论是英语还是汉语，都具有以下共同点：

（一）语义的连贯性

“完整语义”的语篇必须是一个语义单位，应合乎语法，语义连贯，有一个论题结构或逻辑结构，句子之间有一定的逻辑关系。语篇中的段落或句子都是在这一结构基础上组合起来的。一个语义连贯的语篇必须具有语篇特征，所表达的应是整体意义。语篇中的各个成分应是连贯的，而不是彼此无关的。

【例 1】A: 今天你上街去干什么？ B：我上街去买衣服。

【例 2】A: 今天你上街去干什么？ B：他父亲是位医生。

【例 3】Fishing is Mark's favorite sport. She often waits for her sister for hours. But this is not my watch.

【例 4】Fishing is Mark's favorite sport. He often fishes for hours without catching anything. But this does not worry him.

例 1 中的一问一答，从语义上看是连贯的，因而具有语篇特征。例 2 中的 B 句答非所问，因而不具有语篇特征，不是语篇。例 3 中三个分句虽然语法正确，但它们之间缺乏语义连贯，无法形成表达一定意义的整体，也就无法形成语篇。例 4 中三个句子衔接连贯，构成语篇。

（二）衔接手段相同

衔接是将语句聚合在一起的语法及词汇手段的统称，是语篇表层的可见语言现象。从语篇的生成过程来看，它是组句成篇必不可少的条件。在英汉两种语言中，语义的连贯都要靠种种衔接手段，即语篇组织。

（三）显性连贯和隐性连贯

连贯可分为显性与隐性两种情况：显性是体现于词汇、语法、结构等语言表层形式的；隐性则是有赖于语境和语用因素蕴含的连贯。衔接是连贯的外在形式，连贯是衔接的内在意义，两者既统一（显性连贯），又不统一，即并非有衔接就是真正连贯的语篇，无衔接的也可能是真正连贯的语篇（隐性连贯）。总之，语义连贯是语篇的实质，而种种有形的衔接是其组织形式。单有衔接而无连贯不是语篇，两者皆备是显性连贯，有连贯而无衔接是隐性连贯。这种情况，英语、汉语概莫能外，但并非彼此对应，即英语的显性连贯译成汉语可能是隐性连贯，反之亦然。

连贯的语篇是思维连贯性的语言表现。思维的连贯性就是思维的逻辑性，这是人类理智的共同特征和功能，是人与人之间的交流沟通及双语互译的根本保证。缺乏逻辑性或违背逻辑的任何语言符号，既无意义，也产生不了真正的语言交际。因此，可以说，形成语篇的根本是逻辑，理解语篇的根本也是逻辑，一切语篇无不深藏着思维的逻辑。自然语言丰富多彩，种种语言变化无穷的语篇之所以具有共性和相通性，关键就在于逻辑的普遍性。明确这一点，乃是分析语篇、理解语篇的基础，也是英汉语篇对比的基础。也只有明确这一点，人们才会明白语义相同的语篇，其衔接与连贯的不同只是语言形式上的，只有把握其内在逻辑的一致性，才能保证语义内容的忠实传达。

（四）文体的多样性

自然语言的千差万别可以归为文体、体裁、语体和风格的不同，包括口头与书面、正式与非正式、不同语域和区域性的语体分别，不同时代的文风差异，诗歌、散文、小说、论述、应用等各具特色的体裁划分，因人而异的不同风格。文体多样性在英汉语言中同样存在，它们的分类也大体相同，且各种分类都能在译语中找到相对应的形式。

二、英汉语篇的基本差异

英汉语篇的基本差异有内在的思维和外在的衔接与连贯两个方面，内外相互影响，又相互独立。但一般来说，思维层面的差异是决定性因素。

首先，英汉篇语分别呈现直线形与螺旋式的特征，这从根本上讲是中西方各自重综合与重分析的思维习惯的体现。所谓直线形，就是先表达出中心思想，然后由此展开，后面的意思都由前面的语句自然引出。英语长句叠床架屋式的结构，最典型地表明了这种思维逻辑。

【例 1】But I would like to do the same with the acclaim too，by using this moment as a pinnacle from which I might be listened to by the young men and women already dedicated to the same anguish and travail，among whom is already that one who will some day stand here where I am standing.

译文：对于人们给予我的赞扬，我也想做出同样的回报：借此国际学界的最高盛会，请已献身于同样艰苦劳作的男女青年听我说几句话，因为在他们中间，将来站在我现在所站的讲台上的人已经产生了。

汉语的螺旋式是以“起、承、转、合”[①] 为典型的，先宣称主题之重要性，然后展开反复论述，最后回归主题，并对它再三强调；其根本特征显然是重复，乃至不厌其烦地强调，即词语和结构的复现与叠加。简短的语篇也常见这种现象。英汉语篇思维逻辑的差异继而造成两种语言语篇衔接与连贯方式的不同。

其次，在语言构思方式和语言组织方式上，英语呈现形合特征，而汉语呈现意合特征。形合和意合的区别就是语篇连贯的隐显不同。英语形合指英语必须含有体现词汇语法的显性衔接，也就是从语言形式上把词语、句子结合成语篇整体。而汉语的意合则无须借助词汇、语法的衔接手段，仅靠词语和句子内涵意义的逻辑联系，或靠各种语境和语用因素，便能构成连贯的语篇。因此，英汉互译时，便常见隐显不一的情况。

【例 2】It has been mentioned that Rebecca，soon after her arrival in Paris，took a very smart and leading position in the society of that capital，and was welcomed at some of the most distinguished houses of the restored French nobility.（Willian Makepeace Thackeray，*Vanity Fair*）

① 意思是泛指文章的做法，也比喻固定、呆板的形式。出自《西厢记读法》。

译文：我曾经说过，瑞贝卡一到法国首都巴黎，便出入上流社会，追逐时髦，出尽风头，连好些复辟后的皇亲国戚都和她来往。（威廉·梅克比斯·萨克雷《名利场》[①]，杨必译）

翻译实践并不是简单地翻译一句话或一段话，往往是整个篇章，而对文章支离破碎的理解会造成断章取义。在翻译实践中，选择的材料无论在形式上还是在内容上，都要具有多样性。

第二节　语篇翻译的衔接与连贯

一、语篇翻译的衔接

（一）英汉语言的语法衔接

语法衔接指借助构造句子的语法手段，即标示词语之间结构关系的因素实现语篇的衔接和连贯。这些因素可以是具有语法功能的词语，也可以是词语的特定语法形式，还可以是无特定词语的纯结构形式。

1. 英汉语言语法衔接的差异

（1）英语的语法衔接具有明显的显性连贯，而汉语的语法衔接接近于隐性连贯。英语的显性连贯借助形态变化和形式词，明显地标明词语之间、短语之间或小句之间的语法关系。形态变化包括起构词作用的构词形态和表示语法意义的构形形态。英语有形态变化，而汉语中却没有严格意义的形态变化。

英语中的形式词指用来表示词语间、句子中小句间和语段中句子间关系的起连接作用的词。英语中作为衔接手段和形式的词，不但数量大、种类多，而且使用频繁，主要的衔接手段和形式有介词、冠词、关系词（包括关系代词和关系副词）、连词（包括并列连词和从属连词）和其他衔接手段，如“it”和“there”。汉语造句更注重隐性连贯，以意统形，少用甚至不用形式手段，靠词语与句子本身意义上的连贯与逻辑顺序来实现衔接。

【例】He boasts that slave is free the moment his feet touch British soil and

① 故事发生在19世纪的英国。贝姬出生在贫寒的家庭之中，长大后，她和同样出身平凡的夏普先生结为了夫妻。尽管前途渺茫，但在贝姬的内心，她从未放弃过进入上流社会的幻想。

he sells the children of the poor at six years of age to work under the lash in the factories for sixteen hours a day.

译文：他夸口说一个奴隶从他的脚踏上英国土地的那一刻起就是自由的，他却把穷人家 6 岁大的孩子们卖到工厂在皮鞭下干活，一天要劳作 16 个小时。

（2）英汉两种语言在语法衔接手段上都用语法手段，但各自所采用的具体方式有所不同。由于英汉语篇在语法衔接手段上存在差异，在英汉翻译时就需要恰当地进行语法衔接手段的转换。

2. **英汉语篇语法衔接的转换**

（1）从时体形式上分析。英语的时体作为语篇衔接的语法手段时，翻译成汉语要加以转换。

【例 1】Roger has finished the thesis. Caroline arrived from New York.

译文：罗杰完成了论文。因为卡罗琳从纽约来到了他的身边。

【例 2】Roger has finished the thesis. Caroline will arrive from New York.

译文：罗杰完成了论文。卡罗琳将从纽约来看他。

（2）从替代关系上分析。所谓替代，指用词语代替前文的某些词语，但不是指称性的一致关系，而只是具有同等或类似语义。替代主要包括名词替代、动词替代和分句替代。替代在英汉语篇中都存在，且往往互相对应，但互不对应难以照译时，需要借助其他衔接或连贯手段。

【例】A: I' ll have a cup of black coffee with sugar，please.

B: Give me the same， please.

译文：A：劳驾，我要一杯加糖的清咖啡。

B：请给我也来一杯。（试比较：请给我也来同样的。）

（3）从省略关系上分析。省略是用词汇空缺的方式达到上下文衔接的目的。语篇分析中常将省略分为三类：名词性的省略、动词性的省略和分句性的省略。这三类省略多数是出于语法结构的需要。语法结构上的省略是英汉语篇衔接的常见形式。无论是英语还是汉语的语法结构上的省略，若无法忠实照译，都是以目的语的词语重复或替代解决问题的，但名词性省略一般英汉语篇是一致的。

【例】Take these pills three times a day. And you'd better have some of those too.

译文：这些药片一天吃三次。还有那些也最好吃一点儿。

汉译英中要特别关注的省略现象是汉语零位主语的问题。汉语的零位主语是汉语中的一种普遍现象，与英语中的省略并非完全是一回事。这是因为汉语不是主语突出的语言，组词成句是围绕主题而展开的，所以汉语中的主语有时无须出现，而读者自明。这时，汉译英就需要填补上。

（二）英汉语言的词汇衔接

词汇衔接指的是语篇中出现的一部分词汇相互之间在语义上的联系，或重复，或由其他词语替代。词汇衔接是运用词语达到语篇衔接目的的手段，包括语义的重复再现和各种指称关系。英汉语篇的词汇衔接手段，不但总的具体方式完全相同，而且几乎都能够对应照译，特别是在语义重复方面，但也有不一致的地方，尤其在指称照应方面，不同多些。

1. 语义重复

语义重复指运用同义词、近义词、上义词、下义词、概括词等构成的词汇链。它包括完全相同的语义词汇的直接重复，具有各种语义关系的词的同现，以及具有因果、修饰等组合搭配关系的词的同现。

【例】The recovery of organs does not begin until after the heart stops beating and death is certified by a physician not affiliated with the transplant program.

译文：器官的复原，应在心脏停止跳动、死亡已被与器官移植无关的医生证明之后，才能进行。

2. 指称照应

指称照应是语篇衔接的重要手段，涉及人、物、事、时间、地点和词语等一切方面，既有对外部现实世界的外指，又有对语篇内语言要素的内指，既有回指，又有下指。指称照应是为了语篇上下文的照应，形成一个照应性的系统，即一个意义完整、有机统一的语篇。英汉语篇在指称照应上的差异主要体现在人称指称和指示指称上。针对英汉翻译而言，人称指称和指示指称是最具实践和理论价值的语篇现象。

人称照应在有些上下文中是至关重要的，尤其是英译汉。如果理解不正确，译文就会出现错误。

【例 1】The patient shook her head and stretched out her hands towards the baby. The doctor put it in her arms. She kissed it on the forehead.

译文：病人摇了摇头，把手向婴儿伸去。医生将孩子放到她的怀里，她吻了吻孩子的前额。

【例 2】There are two classes of people: the selfish and the selfless; these are respected，while those are looked down upon.

译文：世上有两种人：自私者和忘我者。忘我的人受到尊敬，而自私的人则遭鄙视。

（三）英汉语言的逻辑衔接

逻辑衔接的差异是语篇内深层次的最普遍的衔接，是保证语篇的必备条件之一。逻辑衔接也有显性与隐性之分。显性逻辑衔接指使用了“and”“but”“then”“for”等连接语的衔接。隐性逻辑衔接指那些不使用连接语而靠语用、语境等实现的衔接。针对英汉语篇比较而言，逻辑关系总的来说是英汉相通的，即时空、因果、转折和表示相类同的推延等基本的逻辑关系是一致的。但是，英汉语篇的逻辑关系有时也有差异，如英语的时空关系，汉译时常改为因果关系，反之亦然。

总的来说，由于英汉连接语的差异和逻辑关系中显性与隐性的差异，因此英汉翻译时，译者应选择正确的逻辑连接词或连接语，或隐或显，以使译文符合表达习惯。

【例 1】Where there is a will，there is a way.（空间关系）

译文：有志者，事竟成。（条件推断）

【例 2】When Mr. Brooker，who had license to carry gun，drew his pisto to try to stop the robbers， one of them fired a shot that killed him.（时间关系）

译文：布鲁克先生有执照，可以带枪，便拔出枪来想阻止这伙强盗，可是一个家伙一枪把他打死了。（转折关系）

二、语篇翻译的连贯

在翻译中，如果一句一句孤立地看，有些译文似乎问题不大，但从通篇或整段来看，译文却犹如断线残珠，四下散落，没有贯穿连成一气的逻辑线索或脉络。究其原因，主要是忽视了原文中或显或隐的连贯性，没有在翻译中采取相应的衔接和连贯手段，使译文不能成为一气呵成的有机整体。

由此可见，连贯性在翻译中起着非常重要的作用。连贯是语篇中语义的关联。连贯存在于语篇的底层，通过逻辑推理达到语义连接。连贯的语篇有一个内在的逻辑结构，从头到尾将所有概念有机地连接在一起，达到时空顺序明晰、逻辑层次分明的效果。

实际上，连贯总是和衔接密切相关的，它们都是构成语篇的重要特征之一。但这两个概念也有区别，衔接是通过词汇和语法手段得以实现的，而连贯可以借助信息的有序排列达到。要实现语篇连贯，通常采用“明显”和“隐含”两种方法。前者与语篇的衔接有关，指运用词汇手段，如连词，来形成连贯标志；

后者指信息的合理排列，这是一种无标志的连贯。试比较下面的例子，看看各自语篇的连贯是如何实现的。

【例】Swiveling from languor to ferocity, from sorrow to sarcasm, from command to confusion, Pryce is a Hamlet for our time of cosmic jitters and colliding antitheses.

译文：普赖斯扮演的哈姆雷特，性格不断变化：一会儿心灰意冷，一会儿狂暴凶煞；一会儿满腔愁绪，一会儿讽世讥俗；一会儿镇定自若，一会儿无所适从。他是我们这个高度紧张、激烈冲突时代的哈姆雷特。

在翻译过程中，译者最终提供给读者的是怎样的一个语篇，完全取决于译者对原文语篇内容的理解、结构的认识及译语语篇的构建能力。对于语篇连贯性而言，译者首先要充分把握原文，认清原文的逻辑层次和脉络，也就是说，要对原文语篇的连贯结构有明确的分析和把握，这是保证译文具有连贯性的前提。

其次，在对原文语篇连贯结构充分理解的基础上，译者要依照译文的连贯模式和规律对原文语篇进行重新构建。译文连贯不当，可表现在词或词组、句子内或句群内。

【例】That night he sat alone during dinner, careful, he later told us, not to "get in love's way". But he glanced often in our direction, and we knew he was not alone...（Philip Harsham, *Hello, Young Lovers*）

译文 1：那天晚餐时，他一直独自坐着，小心翼翼地，后来他告诉我们，那是为了“不妨碍别人谈情说爱”。可是，他不时朝我们这边瞟上一眼，我们知道他并不孤独……（菲利普 · 哈沙姆《你们好，相爱的年轻人》）

译文 2：那天晚餐时，他一直独自坐着，尽量“不妨碍别人谈情说爱”（那是他后来告诉我们的）。可是，他不时朝我们这边瞟上一眼，我们知道他并不孤独……（菲利普 · 哈沙姆《你们好，相爱的年轻人》，谷启楠译）

原文中的两句话是靠“but”连接起来的，而且第一句中的“he later told us”明显是一句插入语。翻译时，如果处理不当，必然影响读者对两句之间关系的理解。

译文 1 混淆了时间概念，会让读者以为“可是……”一句的动作不是发生在“那天晚餐时”，而是发生在“后来”。译文 2 将原文的插入语放入括号内，加强了两句之间的联系，也避免了时间概念上的混淆。

总之，翻译过程不仅是一种语言符号的转换过程，也是逻辑关系的转换过程和连贯结构的重新构建过程。从本质上看，这一过程涉及思维的转换过程，即译者的思路要经历一个从原文连贯结构到译语连贯结构规范的转换。这种转换体现着两种语言、两种文化的思维定式的对应、对照甚至冲突。这就需要译者在思维方式上进行调整、变通，并把这种调整在译语语篇的连贯结构中具体体现出来。

第三节 英汉应用文体翻译现状及方法

应用文体并非专指某一种文体，而是指一种特定的文体类别。一般来说，应用文体是与文学文体相对应而存在的文体，或称为“非文学文体”。刘宓庆先生认为：“举凡公函、书信、通知、请柬、启事、通告、海报、广告、单据、契约、合同，以及迎送辞、协议书、备忘录、商品说明书等都属于应用文之列。”方梦之先生认为，公函、书信与合同、协议、通知、电报、演讲等均属应用文体。概言之，应用文体翻译内容广泛，涉及除文学及纯理论文本外的各个领域，如政治、经济、法律、旅游、科技和文化等内容。

一、应用文体翻译概述

翻译不仅要译出原文的意思，还要译出原文的文体风格。翻译家应具有独特的风格。对此，王佐良先生曾认为：“似乎可以按照不同文体，定不同译法。例如信息类译意，文艺类译文，通知、广告类译体……所谓体，是指格式、方式、措辞等，须力求符合该体在该语中的惯例，不能‘以我为主’，把商品广告译成火气甚重的政治宣传品等。”关于文体与翻译问题，林煌天认为：“无论从理论上讲，还是从实践的角度看，译家都应具有自己的风格。”从翻译理论角度来看，译者在传达原作的思想时，必定会使用两种不同的语言，因而在翻译的过程中不可避免地会受到多种因素的制约。

其中，最重要的制约因素有两个：第一，“译者对原作所表达的‘思想’的理解的程度、精确性和方式”；第二，“译者把理解所得转换成自己熟悉的语言时，往往会不自觉地体现译者自己的个性特色”。作为主体的译者在翻译的过程中，不仅会自然或不自然地在理解原文时流露出自己的个性，还会在具体表达时显示出自己的个性，这就是译者风格形成的理论基础。从翻译实践的角度来看，我国现代和当代翻译史上的大家无一例外地都具有自成一家的风格。

比如“鲁迅的译文凝重洗练；朱生豪[①]的译笔浑厚畅达，气势磅礴；傅雷的译品则圆熟流畅，干净利落；巴金的译文则明白晓畅，文气自然”。

基于此，在翻译教学和实践中，我们有必要注意文体的问题。概言之，“译者只有熟悉英汉各种文体类别的语言特征，才能在英汉语言转换中顺应原文的需要，做到量体裁衣，使译文的文体与原文的文体相适应，包括与原文作者的个人风格相适应”。

一般来说，文体风格不仅包括因时间、地点、阶级、性别、职业、年龄、情景等所引起的语言变体，如各种方言、正式用语、非正式用语等，还包括各种体裁的作品，如应用文体、科技文体、论述文体、新闻报刊文体等。

关于翻译的标准问题，国内外学者已有不少讨论。英国学者泰特勒曾提出忠实、风格一致和通顺的标准。我国著名翻译家严复曾提出“信、达、雅”三项标准。范仲英曾指出翻译的原则即“传意性、可接受性及相似性”三个标准，或称为“翻译三要素”。辜正坤早在1982年就曾提出“翻译标准多元互补论”的标准。

这些标准从宏观的角度阐释了翻译的原则，对一般翻译都有指导和借鉴意义。但对于各类文体的翻译而言，我们首先需要了解各类文体的语言特点，并据此制定一套行之有效的英译汉的原则。

二、英汉应用文体翻译现状

德国著名翻译理论家威尔斯指出：“要说当今有多少人从事翻译，搞文学翻译的人少得再也不能少了，翻译人员大多在交际领域的各个层面。”这里，威尔斯提到的交际领域的翻译即指应用翻译。在《非文学翻译理论与实践》一书中，李长栓援引奈达和纽马克的说法指出：“文学翻译在全部翻译中所占的比例不超过5%……诗歌的翻译仅占全部翻译的0.5%。”由此可知，应用翻译在整个翻译活动中的比重是非常高的。

我国的翻译产业，尤其是应用翻译产业已进入高速发展期。黄友义[②]指出，截至2009年12月，全国在营语言服务企业为5039家，保守估计，翻译和本地化服务外包业务年产值超过120亿元。根据香港中文大学陈善伟教授的研究，

---

① 朱生豪（1912年2月2日—1944年12月26日），著名翻译家，原名朱文森，又名文生，学名森豪，笔名朱朱、朱生等，浙江嘉兴人。

② 黄友义，男，回族，1953年6月生，北京人，研究生学历，译审，十一届全国政协委员；2011年11月12日，获得“2011年中国版权产业风云人物”奖。

香港从事文学翻译的只占 4% 左右，绝大多数人从事翻译实务，即应用翻译。1999 年的国际译联第十五届大会得出一个结论：世界翻译市场发生了重大变化，翻译工作与信息收集结合，它的范围扩大了，科技翻译、经贸与法律翻译占了越来越大的比例。

方梦之① 教授对我国应用翻译近三十年取得的成就进行了梳理，涉及科技、经贸、旅游、医学、政经、新闻、法律、社科等门类的翻译研究成果，研究范围包括翻译理论、翻译标准、翻译方法与技巧等，同时指出了应用翻译研究存在的问题，如翻译研究还滞后于实际需求，学科建设仍然是今后一个时期的重要任务。

三、功能目的论与英汉应用文体翻译

曹明伦② 教授认为："人类的主动行为都有其目的，翻译行为自不例外。但翻译行为毕竟是一种特殊的人类主动行为，因此其目的也必然具有特性。"德国"功能翻译论"的代表人物诺德从功能的角度将翻译定义为："翻译是创作使其发挥某种功能的译语文本。它与其源语文本保持的联系将根据译文预期或所要求的功能得以具体化。翻译使由于客观存在的语言文化障碍而无法进行的交际行为得以顺利进行。"在这个定义中，诺德认为："原文和译文之间必有一定的联系，这种联系的质量和数量由预期译文功能确定，它也为决定特定语境的原文中哪些成分可以保留或必须根据译语语境进行调整甚至'改写'（包括可选择的和必须进行的改写）提供了标准。"目的论的代表人物弗米尔认为"要以文本的目的为翻译的第一准则"。他把翻译看作特定情况下的某种"有意图、有目的的行为"。尽管"功能目的论"可以用来指导文学翻译和应用翻译，但方梦之教授认为："相比较而言，它（功能目的论）对应用类语篇的指导作用更为明显。"

纽马克根据文本不同的内容和文体把文本划分为表达功能（expressive function）、信息功能（informative function）和呼唤功能（vocative function）三种。以表达功能为主的文本，主要包括文学作品、散文、自传、个人信件等，其目的在于表情达意，将个人的感情表达出来。以信息功能为主的文本，包括非文学作品、教材、学术论文、报纸杂志上面的文章等，其中心是涉及语言之

① 方梦之，男，1935 年 4 月生，浙江嵊州人，教授，毕业于辽宁师范大学外语系。

② 曹明伦，四川自贡人，北京大学博士，四川大学教授、博士生导师，长期从事高校英语语言文学专业的教学和科研工作。

外的现实生活。以呼唤功能为主的文本，旨在呼吁、号召读者采取行动去思考、去感受，通常涉及通知、宣传、口号和广告等内容。

从语言用途的角度划分，应用翻译属于“特殊用途英语”（English for Specific Purposes，简称 ESP）的范畴。特殊用途英语是现代英语的一种变体，涵盖的语篇体裁非常广泛，几乎包括了除文学诗歌类语篇之外的所有体裁。

四、英汉应用文体翻译策略

关于应用翻译的原则和标准，方梦之教授曾指出：“应用文体包罗广泛，不同的次语域具有不同的特点。信息性、劝导性和匿名性是绝大多数应用语篇具有的主要特点。根据不同的问题特点及翻译委托人的要求，应采用不同的翻译策略。”他还在 2007 年提出了应用翻译的三条原则——达旨、循规、共喻，从翻译理论的层面和高度提出了应用翻译需遵循的原则和采用的标准。吕和发认为，方梦之教授提出的这三个原则“在更大范围上提高对应用翻译实践和研究的适用性，提高理论的概括力和解释力，达旨——达到目的、传达要旨，循规——遵循译入语规范，共喻——使人明白晓畅。三者各有侧重，互为因果”。

林克难教授经过多年的翻译教学潜心研究，提出了应用翻译“看、译、写”的三原则。这三个原则的核心就是：“译者应多读各种各样的应用英语的真实材料。‘看’是英语翻译的基础；‘译’即参照同类英语材料的写作格式、专门用语及表达方式，把想表达的内容要点译出来；‘写’就是译者根据相关文体的格式，用目的语把原文书写出来。”“看、译、写”从翻译过程的角度对应用文体的翻译进行了较为具体的阐释，不失为应用文体翻译的一种方法。

林戊荪教授针对应用翻译面临的新形势提出了应用翻译的“专业化、信息化、网络化”原则，重点指出了应用翻译在经济全球化、信息快速传播和因特网日益普及的今天的发展方向。

为了进一步加强应用翻译的研究，提高应用翻译的理论和实践水平，黄忠廉教授指出：“建立应用翻译学可能且可行，已有可观成果，亦可持续研究。本学科的建立可以提升并解释译艺，上可升华为基本理论，下可直接指导实践，奠定译学基础。应用翻译学的分立研究将升华整个译学研究。”他曾呼吁创建应用翻译学。可见，加强应用翻译研究具有非常重要的意义。

尽管不同文体会有不同的语言特征，但对译者来说，首要的还是要实现原作的“文本目的”，减少读者的“理解成本”，即要“让不懂原文的读者通过译文知道、了解甚至欣赏原文的思想内容及其文体风格”。而要达到这一目的，就必须追求目标语文本与源语文本之间的意义之相当、语义之相近、文体之相仿、风格之相称。这里的“文体之相仿、风格之相称”，是应用文体翻译过程中必须解决的问题。

第六章　跨文化背景下的英汉文化翻译

第一节　地域文化及其翻译

地域文化是指所处地域、自然条件和地理环境下形成的文化，表现为不同民族对同一现象和事物会运用不同的言语形式来表达。不同民族在比喻、审美情趣和对同一事物的认识上存在着差异。

一、方位的文化意蕴与翻译

方位即方向。东、西、南、北为基本方位。汉英两种语言中都有相对应的词表达这四个基本方位：东（east）、西（west）、南（south）、北（north）。然而，由于汉英两个民族所处的地理位置不同，对方位的认识及词语表达存在一定的差异。

中国文化中自古就有“南面为王，北面为朝”“南为尊，北为卑”的传统，因此汉语中表达方位以“南”为先，人常说“南来北往，从南到北”。而英语文化则相反，英美人表达方位以“北”为先。由此可见，方位词不仅仅是地理概念，它们与民族文化、宗教思想、风俗习惯密切相关，更是一种文化现象。

汉英两种语言中东、西方位的表达是一致的，如从东到西可直译为“from east to west”。但一些东、西方位构成的词语有一定的文化含义。例如“东床”若直译成“east bed”就会让人笑掉大牙。

二、著名景点的文化意蕴与翻译

名山大川、名胜古迹是一国文化的载体之一。旅游景点的介绍和翻译是涉外旅游的关键性工作，而旅游景点资料的翻译中，景点名称的翻译是首要环节。

旅游景点名称的翻译，实际上是地名翻译的重要内容。这些名称大多用词古雅、风格独特、音韵优美、寓意深刻，有的出自历史典故，有的源于神话传说，有的富于诗情画意，有的饱含人生哲理。因此，译者在翻译这类名称时不能简单采用音译法。

旅游景点名称由专名和通名两部分组成。专名是景点地名的实体部分，而通名则表示景点的类别。在通常情况下，景点可分为自然景观景点和人文景观景点两类，每类通名所使用的字互不相同，均具有明显的类别特征。比如：昆明湖，昆明为专名，湖为通名；虎丘塔，虎丘为专名，塔为通名。游人一听或一看便知道前者为自然景观，后者为人文景观。

自然景观的景点名称通常由专名加表示景点实体地貌特征的通名组成。人文景观是特定时期历史活动中具有代表性的见证物，其景点名称也是由专名和通名组成，专名反映景观主体，通名表示景观的类别。此类通名常与建筑物有关，如宫、殿、堂、亭、台、楼、阁、榭、塔、馆、府、桥、坊、园、庙、寺、庵、陵、墓等。景点通名的翻译，既要明确表示景点的类别，又要确切反映自然景点的地貌特征或人文景点的实体情况。

翻译旅游景点名称时必须持严肃谨慎的科学态度。需要特别注意的是，由于这些名称源远流长，或经历代文人墨客想象夸张，再加上某些汉字词义宽泛，指称意义笼统，有些通名所反映的景点特征与实体不符，翻译时同一个汉字所表示的通名在英译时常需要根据景点实际情况或所含寓意译为英语的不同词语，以免造成名不副实的情况。

三、动物的文化意蕴与翻译

动物的文化意蕴是指动物形象的比喻和象征意义。由于地域差异，不同民族对同一种动物形成了不同的观念和审美情趣。随着人类认识的深化、社会的发展、文明的演变，人们根据自身的生活经验赋予更多的动物以各种喻义。这些喻义源于动物，形象鲜明，内涵丰富，寓意深刻，从而构成了民族文化的重要组成部分。

含有动物名称的比喻性词语，都是一定文化背景下的产物，它们所反映的语用含义依赖于对文化背景知识的理解。中华民族的祥瑞动物，以龙、凤、麒麟、龟最引人注目。远在周代，它们就被公认为动物中的“四灵”。“四灵”之中，除龟为实有动物外，龙、凤、麒麟都是典型的由远古图腾崇拜演变而来的理想动物。在漫长的历史发展过程中，人们根据某些动物的体貌和习性，按照社会共同的愿望和想象，对它们加以夸张、美化和完善，使它们逐渐成为某一氏族或民族的瑞象，表达人们希冀平安、吉祥、如意、富贵、安康、长寿的心理和愿望。

下面主要介绍比较典型的动物的文化意蕴及其翻译。

（一）凤

凤，即平时所说的凤凰，是中华民族的祥瑞动物之一。据文献记载推断，凤凰是古代鸟图腾的融合与神化，如同龙是兽图腾的融合与神化一样。从历代艺术作品中可以看出，凤凰是锦鸡头、鹦鹉嘴、鸳鸯身、大鹏翅、孔雀羽、仙鹤足，全身羽毛五彩斑斓，仪态万方，被誉为“百鸟之王”，是仁、义、礼、德、信的化身，天下太平、安宁的象征。

中国文化极重视天地、阴阳、男女相合的观念。在中国古代，龙代表帝王、天、阳，那就必须有一种祥瑞动物代表后妃、地、阴，凤凰就成为理想的神物。成语“龙凤呈祥”，象征美满姻缘、夫妻恩爱。与凤凰有关的词语还喻指珍贵和吉祥，如“凤毛麟角”比喻稀世之珍，“丹凤朝阳”预兆稀世之瑞。

【例】全县只考上你一个，无论如何是凤毛麟角。（梁斌：《红旗谱》[①]）

译文：Only you passed the examination in the whole county. At any rate you are as rare as phoenix feathers and unicorn's horns.

（二）龟

在“四灵”中，龟是实有的动物，以其能负重、能长寿、能预知吉凶而成为瑞兽灵物。据传说，在黄帝时代，龟载着西王母的仙符从水中出现，并将仙符交与黄帝，黄帝因此战胜蚩尤。后世都把龟作为长寿和预知吉凶的神物。三国时期，曹操在诗文中曾使用“神龟”一词：

神龟虽寿，犹有竟时；腾蛇乘雾，终为灰土。（曹操：《龟虽寿》）

译文：Though the tortoise blessed with magic powers lives long.

It is days have their allotted span.

Though winged serpents ride high on the mist.

They turn to dust and ashes at the last.

① 《红旗谱》是现代作家梁斌所创作的一部长篇小说，首版时间 1957 年。

龟在中国历史上有过长期的显贵地位，当时它作为显赫、高贵的象征，几乎无处不在。历史上曾以龟占卜、以龟命官、以龟作印、以龟作宝、以龟作弊、以龟作书、以龟为历、以龟命名，甚至以龟自号（南宋诗人陆游晚年自号“龟堂”）。

在古代欧洲，龟也有多种象征含义：龟的背甲浑圆，好似上天，腹甲平坦，好比大地，因此象征宇宙；龟产蛋甚多，因而象征繁衍生殖；龟的性格恬淡宁静，故象征忠贞的爱情；由于龟长寿，又代表经久不衰乃至永恒的生命力。

（三）虎

在中国，古人认为虎是“山兽之君”，是威猛勇武的象征，人们常借虎以助威和驱邪，保佑安宁。虎勇猛威武的形象，自然成为英勇作战的将士们的象征，故有“虎将”“虎士”“将门虎子”之称及“猛虎下山”“如虎添翼”“虎踞龙盘”等表示勇猛的词语。周代设宫廷近卫官为“虎贲氏”，领虎士八百；汉代设“虎贲校尉”，为京师的高级武官。古代兵士的头盔、兵器和盾牌上均装饰虎的图案，元帅和将军的坐骑也用虎皮装饰；调动军队的信物，也做成虎样，故称“虎符”。

在民间，人们把虎视作神物，以求保护全家平安。远在原始社会就已把虎当作保护神，到周代已有在门上画虎驱邪的习俗；至近代，人们画虎符用以壮威、镇宅、驱邪，如将猛虎画像悬挂中堂；有的地方在坟前立上石虎，以作镇墓之兽；每年端午节人们戴艾虎避邪；民间绣品中有虎头帽、虎头鞋、虎头枕，作为小孩的生日礼物，希望孩子长得像老虎一样威武雄健。

另外，虎毕竟是一种凶猛的野兽，因此在刑法上以虎表示威严，如古代的死牢叫作“虎头牢”。

在西方，虎同样有类似的文化意蕴。“tiger”常用来表示凶猛的人、勇士或猛士。

（四）狗

英、汉语中“狗”的文化内涵差异较大。

俗语云：“儿不嫌母丑，狗不嫌家贫。”“狗”的忠义品性是毋庸置疑的。清代著名作家蒲松龄在《聊斋志异》的《义犬》一文中对“狗品”大加赞扬。然而，汉语中与“狗”有关的语句大多含有贬损、鄙夷之义，如狗眼不识金镶玉、狗嘴里吐不出象牙、狗改不了吃屎、狗肉上不了大席、狗眼看人低、好狗不挡道、挂着羊头卖狗肉、惶惶如丧家之犬、狗胆包天、狗血喷头、狗仗人势、狗头军师、狼心狗肺、狗急跳墙、鸡鸣狗盗、鸡犬不宁、狗腿子、狗咬狗、狗拿耗子多管闲事、狗咬吕洞宾不识好人心等等。

英语中关于“狗”的语句则是褒贬参半。在美国，很多人临死时把遗产不是留给子孙，而是留给自己的爱犬。在好莱坞电影中，狗经常作为重要角色登台亮相，如《101 斑点狗》《怪医杜立德》《黑超特警组》等电影。美国著名作家杰克·伦敦的《白牙》和《野性的呼唤》两篇小说对“狗”的美德有非常逼真、细致的描写。

（五）马

英、汉语中“马”的文化内涵大体一致，多是褒扬、赞美之辞。

马曾经是古代国家综合国力的象征。在我国古代“千乘之国”“万乘之国”的说法中，“乘”指的就是“马拉战车”，而骑兵曾是许多国家最重要的军事国防力量。工业革命之前马主要用于农耕、战争和交通，而之后主要用于休闲娱乐，如赛马、体育锻炼等。汉语中有很多赞美马的成语，如马到成功、快马加鞭、龙马精神、车水马龙、马不停蹄、老马识途、青梅竹马、汗马功劳、宝马良驹等，也有很多中性的成语，如马失前蹄、鞍马劳顿、马首是瞻、人靠衣装马靠鞍、马失前蹄、悬崖勒马、一言既出驷马难追、风马牛不相及、戎马倥偬、戎马生涯、单枪匹马、人有失手马有失蹄等，贬义的很少，如马马虎虎。

我国有很多关于马的诗词，如戎马关山北，凭轩涕泗流。/ 挥手自兹去，萧萧班马鸣。/ 下马饮君酒，问君何所之？ / 马上相逢无纸笔，凭君传语报平安。/ 葡萄美酒夜光杯，欲饮琵琶马上催。/ 卧龙跃马终黄土，人事音书漫寂寥。/ 乱花渐欲迷人眼，浅草才能没马蹄。/ 车辚辚，马萧萧，行人弓箭各在腰。/ 白日登山望烽火，黄昏饮马傍交河。/ 马作的卢飞快，弓如霹雳弦惊。/ 想当年，金戈铁马，气吞万里如虎。这些诗词反映了古代马匹在战争和旅行中的重要作用及其与人类的密切关系。

四、植物的文化意蕴与翻译

与动物一样，同一植物由于地域差异，在不同民族中形成的观念、引起的联想也有所不同。从这一点来讲，一些植物所表现出来的某种特性就是文化意蕴。

例如松树（pine）与橡树（oak）在中英文化中存在着文化意蕴差异。松树是一种四季常青的树。在我国传统文化中，松树、竹子和梅花并称为“岁寒三友”。由于松树树龄可达千余年，我国历代均以松树象征长寿，为老年人祝寿常送“寿比南山不老松”的寿联或“松鹤图”祝愿健康长寿。此外，松树一年四季常青，严冬之时，迎着风雪傲然挺立在悬崖峰顶，象征着坚毅、顽强、高洁、刚直不阿的英雄品格和高尚情操。陶铸曾写过一篇著名散文，题为《松树的风格》，颂扬松树的品格。黄山的迎客松在中国人的心中就有着不可磨灭的印象。然而，“pine”在英语中并没有汉语文化中的那种象征意义。英美人只知道“pine”是一种常青树，可提供优质木材。

在英语中，有一种树的象征意义与汉语中“松树”的象征意义相同，那就是“森林之王”——橡树（oak）。橡树是一种落叶乔木，生长在英、美等国家。橡树树龄通常达200~400年，常长成繁茂的巨树，因此被称为“森林之王”（the monarch of the forest），成为刚健的象征，如“heart of oak”意思是“刚强、勇敢、果断的人”。

显而易见，“松树”与“pine”是对应词，但与“oak”在文化象征意义上一致。翻译中“松树”是按中国文化译成“pine”呢，还是按英语国家文化的习俗译成“oak”？反过来，英语“oak”要不要转译成“松树”？其实，没有这种必要，“oak”就译成“橡树”，“松树”就译成“pine”，这样能给读者一个了解异域文化的机会。

第二节　人名与习语文化及其翻译

一、人名文化与翻译

人名在语言学上统称为专名，即专有名称——指某一事物（人、地方、机关、团体等）特定的名称。姓名是每位社会成员都有的特定指称。作为一种符号，它代表个人及其家族，具有识别社会成员的作用。不论在中国还是在西方国家，姓名的形成、发展和演变经历了一个漫长的历史过程，是人类文化的一项重要内容。

（一）姓氏的文化意蕴与翻译

到目前为止，中国和西方国家使用的姓有多少都没有精确的统计数字。近年出版的《中国姓氏记编》收录姓氏5730个，其中，单姓3470个，双字复姓2085个，三字复姓163个，四字复姓9个，五字复姓3个。然而，与西方姓氏的数量相比，中国姓氏的数量是小巫见大巫。据不完全统计，法国有25万个姓氏，英美国家大约有35000个姓氏。

有名有姓是中西方人名的共同特征，但在姓名结构顺序上，中西方却正好相反。我国汉族人名的排列顺序是“姓前名后”，如白居易、王安石、雷锋等。朝鲜、越南、泰国、日本等东方国家的人名也都是“姓前名后”的结构。而西方印欧语系的大多数国家和民族人名结构的排序原则则是“名前姓后”。比如：Karl Marx（卡尔·马克思），Karl 是名，Marx 是姓；Lewis Henry Morgan（刘易斯·亨利·摩根），Lewis 是名，Henry 是中间名，Morgan 是姓。

经研究，导致中西方姓名结构顺序差异的原因主要有以下两个方面。

首先，从姓名的形成历史来看，中西方人的姓与名产生的时间先后不同。在中国，姓氏的功能是续血统、别婚姻。“姓”字从女，可见姓制度产生于母系氏族社会。姓制度在上古时期以女子为中心，即子女从母姓。现在我们见到的许多古姓，如姬、姜、妊、姒、姚、妫等都是女字旁。这充分说明了我们的祖先为了“续血统，别婚姻”，早在母系氏族时代就使用了姓。

然而，中国人的“名”产生较晚，夏、商时期才开始使用，如甲骨文和金文中所记太丁、阳甲、盘庚、帝乙等皆是。因此，中国人姓名的演变经历了“先有姓，后有名”的历史过程，反映到姓名的排列顺序上便形成了“姓前名后”的结构。

在西方，名的产生比姓早得多。英、法、德、意、葡、西、俄，以及其他欧洲大多数国家在很长的历史时期只有名而无姓。姓到中世纪后期才开始出现。英国人在 11 世纪开始在贵族中使用姓，而全国普遍使用姓是在文艺复兴时期以后。法国人和德国人使用姓是从 13 世纪后开始的。俄罗斯人的姓在 16 世纪才出现。西方这种“名早姓晚”的特点反映到姓名的排列顺序上便是“名前姓后”。

其次，中西方人的价值观念不同。古代中国是一个宗法社会，中国先民形成了很强的宗族观念。中国人认为，姓代表宗族和血缘关系，而名则代表个人。在中国传统观念中，宗族的延续可以说高于一切，因此代表宗族的姓比一个人的名字重要得多。“姓在前，名在后”正是这种“重群体，轻个体”的传统文化在姓名排序上的体现。然而，西方人则相反，他们没有中国人那种重群体的文化心理，他们崇尚个性，强调个人独立，个性受到重视。这样，代表个人的名理应在先，而代表群体的姓就自然置于其后了。

（二）取名的文化意蕴与翻译

中国人取名的基本原则是：形美、音美和义美。所谓形美，即选择字形匀称、笔画繁简适度的字，太简则可能被认为家庭文化程度低，太繁则不易辨认和书写，给日后交际带来一定困难；所谓音美，即选择发音响亮清晰、易于上口的字，如“强、昌、良、华”和“红、兰、芳、花”等；所谓义美，即选择内涵丰富、寓意高雅、吉祥如意的字，如“发、祥、嘉、财、玉、宝”等。由于取名者的审美观念不同和时代风尚的变迁，选字的标准也必然因人而异，有人爱用冷僻的古字，以显示所选名字的高雅独特或超凡脱俗、与众不同，也有人喜欢用通俗的字，以表示喜爱亲昵之情，更有“贱而长寿”或“以邪压邪”之意。

英美人的取名方式有以下几种：

（1）以宗教取名。我们常见的英语人名，如 Diana（黛安娜，为“月亮女神”）、Athena（阿西娜，为“智慧女神”）、Eliot（艾略特，为“上帝的礼物”）、Helen（海伦，为“美丽女神”）等。

（2）以标志勇敢或出人头地思想的事物取名，如 Boris（鲍里斯，为“勇士”），William（威廉，为“强大的捍卫者”），Richard（理查德，为“强有力的统治者”），Harold（哈罗德，为“统帅”），Abraham（亚伯拉罕，为“万民之父”）等。

（3）以职业取名，如 Mason（梅森，为“石匠”）、Durward（德沃德，为“守门人”）、Penelope（佩内洛普，为“织女”）等。

此外，英美人还有以外貌特征、动植物名称、货币等取名的方式。

二、英汉习语文化对比

（一）英汉习语结构形式对比

从结构形式方面来看，英汉习语存在诸多不同。

1. 英语习语的结构形式

英语习语的结构形式的灵活性特点比较明显，可松可紧，可长可短。

【例 1】What one loses on the swings one gets back on the roundabouts.

译文：失之东隅，收之桑榆。

【例 2】Hair by hair you will pull out the horse's tail.

译文：矢志不移，定能成功。

【例 3】One boy is a boy，two boys half a boy，three boys no boy.

译文：一个和尚有水吃，两个和尚挑水吃，三个和尚没水吃。

2. 汉语习语的结构形式

从汉语习语的结构形式来看，整体呈现出用词简练、结构紧凑的特点，并且大多为词组性短语。从习语的字数来看，多为两个字、三个字或四个字的结构形式。当然，也有少部分字数较多的对偶性短句，如“踏破铁鞋无觅处，得来全不费工夫”“螳螂捕蝉，黄雀在后”。但是，这类汉语习语实属凤毛麟角。

（二）英汉习语对应程度对比

整体而言，英汉习语在对应程度方面存在对应、半对应和不对应的情况。下面对这几种情况进行具体分析。

1. 英汉习语的对应性

虽然以英语为母语的国家和中国在思维方式、生活习惯、认知能力等方面存在着诸多差异，但是二者赖以生存的外部条件，包括地理状况、季节更迭、气候变化等，仍存在着各种共性。这种共同的认知反映在语言层面便可通过习语表达出来，英语和汉语都是如此。英语中有许多习语在字面意义、喻体形象和比喻意义方面与汉语习语存在一致性。这些习语在两种语言中不仅具有相同的语义，在表达方式与结构上也高度相似，并且这种对应关系从字面意义上便一目了然。这些习语被称为“相互对应的习语”。例如：

pour oil on the flame　火上浇油

be on thin ice　如坐针毡

throw cold water on　泼冷水

draw cake to satisfy one's hunger　画饼充饥

A beggar's purse is bottomless.　乞丐的钱袋是无底洞。

Bird is known by its note and a man by his talk.　闻其歌知其鸟，听其言知其人。

Think with the wise，but talk with the vulgar.　同智者一起考虑，与俗人一起交谈。

A burden of one's choice is not felt.　爱挑的担子不嫌重。

2. 英汉习语的半对应性

英汉两种语言属于不同的语系和不同民族的母语。不同环境下的人们在生活经历和对外部世界的看法上不可能完全一致。语言是客观事物在人们头脑中的具体反映。客观外部环境不同、对外部世界的认知不同也会引起习语的部分不对应。

英语习语和汉语习语都是在其文化的发展过程中，经过长期的社会实践所提炼出来的短语和短句，是文化中的精华，因此，在具体的习语表达形式上也会呈现各自特有的文化内涵。

英汉习语与其民族的文化历史渊源密切相关，并在社会、历史、心理、民俗等各类现象中得以反映。英汉习语的意义兼顾字面意义和文化意义。在理解习语的同时，我们要对其意象加以转换，用合适的目的语阐释其内涵。这些不完全对应的习语被人们称为“半对应的习语”。例如：

after one's own heart　正中下怀

plentiful as blackberries　多如牛毛

as silent as the graves　守口如瓶

castle in the air　空中楼阁

fish in the water　水中捞月

between the devil and the deep sea　进退维谷

hit someone below the belt/stab someone in the back　暗箭伤人

Beat the dog before the lion.　杀鸡给猴看。

Take not a musket to kill a butterfly.　杀鸡焉用宰牛刀。

3. **英汉习语的非对应性**

由于英汉两个民族之间的差异，有的事物或现象你有我无、你无我有，在语言词汇或表达习惯上难免会出现各种各样的偏差。在英语习语中，存在大量与汉语习惯用法和汉文化特征大相径庭的习语，即“非对应的习语”。例如：

bull market　牛市

bear market　熊市

one s face glowing with health　红光满面

第三节　饮食与典故文化及其翻译

一、饮食文化与翻译

无论是东方还是西方，饮食是人们的基本需求，是一切人类文明的前提。中式菜肴林林总总、丰富多彩，其命名方式，既有现实主义的写实手法，又有浪漫主义的写意笔调；既蕴含着深厚的历史文化背景，又充满着民俗情趣和地方风味。因此，有的菜名已不单纯是一个菜的名称，而是一个可引发丰富联想的艺术名，甚至有的菜名背后还流传着动人的传说。

译者应准确、形象地把中式菜肴名称译为英语，让外国友人不仅能亲口品尝到我国菜肴的独特风味，还能通过菜名了解中式菜肴的烹调艺术和文化内涵。

菜肴名称的翻译，首先应该让外国客人了解菜的原料和烹调的主要方法，其次应反映出菜肴“色、香、味、形”的主要特点，如有可能还应简略介绍与菜肴有关的民俗风情或历史传说，文字应该简洁明了。根据中式菜肴的主要特点和菜名的英译要求，译者一般可采用以下四种方法进行翻译。

（一）直译类

中式菜肴绝大多数是写实型菜名，通常包含原料名（主料、配料和调料）和烹调法，英译时可采用“烹调法 + 加工法 + 原料（主料 + 配料 + 调料）”的格式，如“烹调法 + 主料名”“烹调法 + 加工法 + 主料名 +with/in+ 调料名”。

（二）意译类

中式菜肴不仅讲究烹调艺术，其名称也讲究典雅、富有寓意，因此有些菜名会根据主料和配料色或形的特点，或经烹调后菜肴的整体造型，起一个吉祥如意或富有艺术气息的典雅名称。对这类菜名的翻译，译者只能采用意译的方法，舍形或舍音求意，将其原料和烹调方法全部照实译出。

（三）直译 + 意译类

还有些菜肴名称的部分术语，根据制作原料，择其“色、香、味、形、音”等特点，用表示吉祥喜庆等的行话隐语表达，这对于缺乏中国文化背景知识的外国客人来说是难以理解其深刻含义的。对这种菜名的翻译，译者宜采用直译与意译相结合的方法，将行话隐语所蕴含的寓意直接译出。

（四）直译 + 注释类

（1）我国地域广阔，各地民情、风俗不同。一些具有地方特色的名菜，其名称通常是“地名或人名 + 菜名”，可采用“直译地名或人名 + 菜名”或“菜名 +（in）...style”的格式翻译。

（2）有些菜名，源于历史典故或民间传说，其名称本身既不反映菜肴的原料，也不反映其烹调制作的方法，若要讲清其含义，必须讲述一个故事或一段历史，作为菜名翻译是无法解释清楚的。对这类菜名的翻译，译者宜采用直译其名加解释的方法。

（3）药膳。药膳是中国传统饮食疗法之一，也是中国饮食文化的一个重要特色。由于药膳既有营养，又有防病治病、健体强身、延年益寿的功效，因此颇受国外食客的欢迎，不少宾馆的菜单中都有药膳。这些药膳菜肴名称的翻译，不仅要译出菜肴的原料和烹调制作方法，还要简明扼要地译出其主要药理作用，以体现药膳独特的风味和功效，同时也便于不熟悉中国饮食文化的外国食客选择和品尝。

二、英汉典故文化对比

（一）英汉典故设喻方式对比

英汉典故在来源方面是基本一致的，因而各自典故的设喻方式也大体类似。概括来看，英汉典故的设喻方式通常有以下几种类型。

1. 借助地名设喻

借助地名设喻是指将特定时间或故事所涉及的地名作为喻体，用以表达一种特定的寓意或喻指。例如英语中的“ meet one's Waterloo”（遭遇滑铁卢），滑铁卢是比利时的一个城镇，在这里发生的滑铁卢战役中，拿破仑率领的法军战败，后人就用此语来喻指惨遭失败。

汉语中也有这样的典故。例如“东山再起”的典故讲的是东晋谢安退职后隐居于东山做隐士，但后来又出山任朝廷要职，此语喻指失势之后重新恢复地位、权势等。

2. 借助人物设喻

借助人物设喻是指将特定时间或故事所涉及的人物作为喻体，来表达一种特定的寓意。例如英语中有 “Herculean task”（赫拉克勒斯的任务），这一典故取自古希腊神话，赫拉克勒斯是主神宙斯之子，力大无比，故被称为大力神，所以该典故用来喻指艰难的、常人难以完成的任务。又如“Shylock”（夏洛克）是莎士比亚喜剧《威尼斯商人》中一位内心残忍的守财奴，经常被用来指那些既吝啬小气又手毒心狠的人。

汉语中也有许多以人物设喻的典故。例如“孟母三迁”原本说的是孟子的母亲在孟子幼年时十分重视对邻居的选择，为了给他选择一个良好的教育环境，因此曾三次迁居，后来被用来喻指选择良好的居住和教育环境对儿童教育的重要性。其他以人物设喻的汉语典故还有“成也萧何，败也萧何”“姜太公钓鱼”“王祥卧冰”等。

3. 借助事件设喻

借助事件设喻是指将特定的事件或故事作为喻体，用以表达一种特定的寓意或喻指。例如英语典故“ the Last Supper”出自基督教故事：耶稣得知自己将被一门徒出卖后，依然从容坚定，召集十二门徒共进最后的晚餐，同时当场宣布这一预言。后用该典故喻指遭人出卖。

汉语文化中也有很多以事件设喻的典故。例如“负荆请罪”这一典故讲的是战国时期廉颇为自己的居功自傲、慢待蔺相如而向其负荆请罪，从而使将相友好相处。后来用该典故喻指认错赔礼。

4. 借助动植物设喻

借助动植物设喻是指将特定的事件或故事所涉及的动植物作为喻体，用以表达一种特定的寓意。例如英语典故“scapegoat”（替罪羊），源自《圣经》故事，讲的是古犹太人举行的赎罪祭中，大祭司将通过抽签抽来的一只大公羊作为本民族的替罪羊放入旷野，以带走本民族的一切罪过，现用来指代人受过或背黑锅的人。

在汉语文化中，“鹬蚌相争，渔翁得利”也是以动植物设喻的典型例子，讲的是一只蚌张开壳晒太阳，鹬去啄它，被蚌壳钳住了嘴，在双方相持不下时，渔翁来了，把两个都捉住了，后人用这一典故来喻指双方相互争执却让第三方得利。“草木皆兵”讲的是前秦苻坚领兵进攻东晋，进抵淝水流域，登寿春城瞭望，见晋军阵容严整，又远望八公山，把山上的草木都当作晋军而感到惊惧，后来被用来喻指惊慌之时的疑神疑鬼。类似的典故还有“狐死首丘”等。

（二）英汉典故文化渊源对比

英语与汉语中的很多典故都从神话传说、历史故事、寓言故事、宗教信仰、文学作品及风俗习惯中汲取营养，创造了很多脍炙人口的典故。此外，还有一部分英语典故来自影视作品、体育运动或社会生活。下面对两种文化下的典故文化渊源进行对比分析。

1. 英语典故的文化渊源

英语典故的文化渊源主要包括以下几个方面：

（1）历史事件

英国虽然是一个历史悠久的国家，但只有少数反映本民族故事的历史典故。在英语文化中，有很多来源于欧洲众多国家历史事件的历史典故，如“draw a line in the sand”（划定一个限度）、“ smoking gun”（冒烟的枪 / 确凿的证据）、“shuttle diplomacy”（穿梭外交）、“Tokyo Rose”（东京玫瑰）等，类似的英语典故还有很多。

“Pyrrhic victory”（皮洛士的胜利）喻指得不偿失的胜利。这一典故来源于古希腊时期，伊庇鲁斯（Epirus）的国王皮洛士（Pyrrhus）在公元前 281 年和公元前 279 年两次率重兵渡海征战意大利，在付出了巨大的代价后取得了胜利。

“fiddle while Rome is burning”（面对罗马火灾仍弹琴作乐）喻指大难临头却依然寻欢作乐，对大事漠不关心。公元 64 年，罗马帝国首都罗马遭遇大火，而当时的罗马皇帝尼禄（Nero）却无动于衷，坐在高高的城楼上一边弹奏乐器、哼唱歌曲，一边欣赏眼前的火灾。

“gold Rush”（淘金热）喻指做某事的热潮。这一典故原意是指美国历史上西部淘金时期的高峰期。

“Give me liberty or give me death.”（不自由，毋宁死。）这一至今广为流传的名言出自美国独立战争时期杰出的政治家、演说家帕特里克·亨利。1775 年，在弗吉尼亚第二届革命大会上，帕特里克·亨利在发表演说时提出了这一名言，号召北美殖民地人民团结起来反抗英国统治，并预言战争即将爆发。

“fifth column”（第五纵队）喻指渗透敌人内部并暗中进行破坏和里应外合的间谍或内奸。该典故源自西班牙内战，当时佛朗哥的莫拉将军声称，他有四支纵队从四面八方包围马德里，而“第五纵队”则在城内与其策应。

“The only thing we have to fear is fear itself.”（我们唯一不得不感到恐惧的就是恐惧本身。）这句人们经常引用的名言出自富兰克林·罗斯福总统 1933 年 3 月 4 日的就职演说。当时，美国正遭遇经济大萧条，处于严重困难时期，罗斯福在就职演讲上希望全国人民能够镇定自若，在危急时刻支持政府。

（2）古代经典

英语文化中有许多典故来自古代的经典作品，特别是古希腊和古罗马神话，还包括各种民间传说、寓言故事及各个时期著名文学戏剧大师的经典作品。西方的寓言故事对英语典故的产生具有重要影响。例如“kill the goose that lays the golden eggs”（杀鸡取卵）的意思是牺牲将来的利益，满足眼前的需要。这一典故源自《伊索寓言》：有个人有只母鸡，能产出美丽的金蛋。他以为在它的肚子里有金块，于是把它杀了，却只见它同别的母鸡是一样的。他希望得到大宗财富，却把微小的利益也失掉了。

（3）文学作品

英语中同样有很多来自文学作品的典故。例如人们经常使用 odyssey 喻指磨难重重的旅程或艰难的历程。在英语文化中，*Odyssey*(《奥德赛》)与 *Iliad*(《伊利亚特》）合称为希腊的两大史诗，相传为荷马所作。两部史诗都分有 24 卷，《奥德赛》约 12000 行，《伊利亚特》约 15000 行。《奥德赛》一诗描述了希腊神话英雄奥德修斯在特洛伊战争中以“特洛伊木马”攻破特洛伊城后，在海上漂流 10 年，战胜了独眼巨神，制伏了女巫，经历了种种艰险，终于回到了自己的国家，夫妻团圆。

（4）体育典故

英美国家尤其是美国体育运动十分发达，有着良好的体育传统。大多数美国人具有运动健身的习惯。因此，人们通常对体育话题十分感兴趣，从而使许多体育运动的术语流行于人们的日常生活中。久而久之，篮球、棒球、橄榄球、拳击等热门体育项目常用的体育术语通过转义而被广泛用于日常生活领域，并且逐渐演变为典故。例如：

“carry the ball”（做持球队员）喻指在某项行动或艰巨任务中承担最重要、最困难的职责。这一典故从橄榄球术语借用而来，原意是指在射门时充当持球队员。

“be down and out”（击倒出局）喻指经过努力而彻底失败或贫困潦倒，陷于完全无望的处境。这一典故源于拳击比赛中常用的术语，原意是指被对手击倒在地而遭淘汰。

“drop back and punt”（凌空踢落地反弹球）喻指放弃目前的策略，尝试采用其他办法。这一典故源于橄榄球术语，原意是指抛球后待球落地反弹起来之后朝对方球门凌空抽射的技术动作。

“hat trick”（帽子戏法）喻指巧妙而利落的同时做成多件事。这一典故出自魔术，原意是指魔术师用帽子变的戏法。后来这一魔术用语不仅用于英国板球运动中指一个板球投手连续三次击中柱门，还用于足球、曲棍球领域，指一个足球或曲棍球队员在同一场比赛中独进三球。

“have two strikes against someone”（三击中已有两击不中）喻指处于极其不利的境地。这一典故从棒球比赛规则借用而来，原意是指球手三击不中就必须出局退场，因此球手两击不中就很危险了。

“hit/strike below the belt”（击打腰带以下部位）喻指采取不正当手段攻击或对付对方以获胜。这一典故来自拳击术语，原意是指违规击打对手身上不应击打的部位。

“not get to first base”（尚未跑上一垒）喻指计划尚未启动，或者在计划开始实施之初就遭受挫折，或者距离成功尚需时日，甚至遥不可及。这一典故源自棒球，原意是指棒球击球手没有成功地跑到第一垒。

“squeeze play”（挤牌）喻指迫使对方处于进退两难的境地，导致其失败而不得不付出代价的行动。这一典故来自桥牌术语，是打桥牌的一种战术，即根据敌我牌情创造条件，以紧逼对方出某张牌，从而迫使对方就范。

“strike out”（三击不中而出局）喻指失败。这一典故来自棒球术语，原意指击球手在比赛中三击不中就要退场。

“swallow the bait，hook， line and sinker”（不但吞食了鱼饵，而且连同鱼钩、鱼线和铅坠一同吞了下去）喻指被小恩小惠诱惑而全盘、彻底地上当受骗、中圈套。这一典故源自钓鱼术语，意指有时鱼过于贪食鱼饵而将鱼钩、鱼线甚至铅坠一并都吞了下去。

“play one's trump card”（打出王牌）喻指在工作、经商、比赛、对抗或战争中使出绝招，采用最有把握取胜的办法。这一典故原是桥牌术语，意指关键时刻打出王牌以制胜。

“The ball is in sb. court”（该轮到某个球员击球了）喻指该轮到某人采取行动了。该典故原是网球比赛常用术语。

（5）现当代经典

英语典故还经常取材于现代、当代的各类经典，包括文学、影视等，如“Snoopy”（史努比）、“Tarzan”（人猿泰山）、“Spider-man”（蜘蛛侠）、“Superman”（超人）、“Zorro”（佐罗）、“Pinocchio”（匹诺曹）、“ Uncle Tom”（汤姆叔叔）、“Black Humor”（黑色幽默）、“Shangri-la”（香格里拉）、“Angry Young Men”（愤怒青年）、“Sophie's choice”（苏菲的选择）、“Peck s bad boy”（佩克的坏孩子）、“Seven-year- itch”（七年之痒）、“Yellow Ribbons”（黄丝带）。下面介绍一些来源于当代经典的英语典故。

“Dragon Lady”（龙夫人）喻指因丈夫的权势而操纵大权的女人。这一典故源自连环漫画《特里和海盗》中一个有权威的、盛气凌人的女人。

“James Bond”（詹姆斯·邦德）喻指有勇有谋、反应敏捷、本事高强的人。这一典故源自英国小说家伊恩·弗莱明的小说及其电影中智勇双全的代号为 007 的间谍形象。

“Mickey Mouse”（米老鼠）常用来喻指简单的、初级的、容易的东西，或者指微不足道的东西，往往表示轻视或不满的情绪。Mickey Mouse 在 1928 年的动画片《威利号汽船》中问世，后来在一系列的迪士尼动画片中出现，成为华特·迪士尼动画片中最著名的角色，也是迪士尼王国的关键角色。

“Clockwork Orange”（发条橙）喻指被洗脑后失去个性的人，尤其是指个性受压制、按条件反射行事的人。这一典故源自 1971 年出品的好莱坞电影 A Clockwork Orange，该电影改编自同名小说，曾获奥斯卡最佳影片奖提名。电影中描写了一伙追求享乐、没有道德观念的年轻人拉帮结派、胡作非为，闹得四邻不安，主角入狱后为了提前重获自由自愿接受特殊的人格治疗，却在“痊愈”后遭到正义的迫害的故事。

“the Beat Generation”（垮掉的一代）喻指不满现实、反叛传统、追求自由、我行我素的人。“the Beat Generation”原指 20 世纪 50 年代出现的一个文学流派，也指该流派所代表的一代人，其成员被称为“疲沓派”。这一流派最著名的代表作有艾伦·金斯伯格的长诗《嚎叫》、杰克·凯鲁亚克的长篇小说《在路上》。

“make my day”（让我高兴高兴）喻指对对手的某种行为的强烈反应、高度兴奋，自信能战胜对手，肯定会马到成功。这一典故源自美国电影《拨云见日》。该电影中一位名叫“胡来的哈里”的警探拔枪对准一个也试图掏枪的犯罪嫌疑人，说“Go ahead，make my day”。

（6）莎翁戏剧

莎士比亚的作品也是英语典故的一个主要来源。下面介绍一些来自莎士比亚戏剧的英语典故。

“salad days”（色拉岁月）喻指天真幼稚、缺乏人生经验的青少年时期。该典故源自莎士比亚的《安东尼与克里奥帕特拉》。在此剧中，埃及女王克里奥帕特拉称自己在与罗马统帅恺撒相好的时候还是“色拉岁月”。

“caviar to the general”（不为一般人所喜好的鱼子酱）喻指阳春白雪，曲高和寡。该典故出自莎士比亚的著名悲剧《哈姆雷特》中的第二幕第二场。

“it is Greek to me”（他讲的是希腊话）喻指一点儿不理解、一概不通。该典故出自莎士比亚的剧本《裘力斯・恺撒》。

“some men are born great，some achieve greatness，and some have greatness thrust upon them”（有的人是生来的富贵，有的人是挣来的富贵，有的人是送上来的富贵）喻指人生的富贵、功名等的获取各有各的道。这一典故出自莎士比亚的喜剧《第十二夜》。

2. 汉语典故的文化渊源

从文化渊源进行分析，汉语典故比较常见的文化渊源主要有以下几种：

（1）历史史实

中华民族是一个历史悠久的民族，经历过多次改朝换代，而每个朝代都会发生重大的历史事件。因此，有大量反映历史事件、历史故事的典故成为汉语语言的一部分。比如：“卧薪尝胆”“负荆请罪”“四面楚歌”“闻鸡起舞”“口蜜腹剑”等，这些典故本身就是对历史事件的概括；“助纣为虐”“殷鉴不远”等典故，则表达了人们对历史的看法和评价，具有一定的社会认识价值。下面再介绍一些源自历史史实的汉语典故。

“乐不思蜀”（ be so abandoned to pleasure as to home and duty）喻指乐而忘返，用于贬义时则指贪图享乐而忘记自己的家乡与职责。根据《三国志・蜀书・后主传》记载，三国时期，蜀汉亡国后，后主刘禅被安置于魏国的都城洛阳。有一天，司马昭问刘禅是否想念西蜀。刘禅回答道：“此间乐，不思蜀。”

“纸上谈兵”（talk about stratagems only on paper engage in idle theorizing）

喻指不切实际的空谈。这一典故出自《史记·廉颇蔺相如列传》：战国时，赵国的赵括从小善于谈论兵法，于是赵王用他代廉颇为将。结果长平一战，赵军亡四十五万。

“毛遂自荐”（volunteer to do something/recommend oneself for position or task）喻指自告奋勇，自己推荐自己担任某项工作。该典故出自史书《史记·平原君列传》：战国时期，秦军围攻赵国都城邯郸，平原君奉命去楚国求救，其门下食客毛遂自动请求与平原君一同前去。到了楚国以后，平原君跟楚王谈了一上午都没有结果。于是毛遂挺身而出向楚王陈述利害，楚王才派兵去救赵国。

“庆父不死，鲁难未已”（There will be no peace for nation without getting rid of those bent on crewing internal unrest）喻指不除掉制造内乱的罪魁祸首，国家就无法得到安宁。根据《左传》记载，庆父是春秋时期鲁国鲁庄公的弟弟。在鲁庄公死后，庆父为了篡权夺位，先后杀死了两个继嗣的国君，从而造成鲁国动乱不安、动荡不止。

“赔了夫人又折兵”（pay double penalty for attempting to gain an unwarranted advantage）喻指想占便宜者没占到便宜反而遭受损失。根据《三国演义》记载，周瑜设计将孙权的妹妹许配给刘备，准备在刘备到东吴成婚时趁机扣留以夺回荆州，结果刘备带着新婚夫人逃回，而周瑜带兵追赶又被诸葛亮用伏兵打败。

（2）神话传说

神话传说是最古老的典故来源之一。神话传说是古人所创造的一些关于神仙、古代英雄的故事，往往体现着古代劳动人民对一些自然现象的天真解释，或者对社会生活的美好向往。中华民族不仅是一个历史悠久的文明古国，也是一个神话传说源远流长的国家。汉语神话故事大多反映古代汉族人民对自然和社会生活的认识，并且每一个典故背后都有一个感人的故事。例如“愚公移山”“牛郎织女”“嫦娥奔月”“夸父追日”“精卫填海”“女娲补天”等典故都是源自神话传说。下面再介绍一些源自神话传说的汉语典故。

“伯牙绝弦”（It is quite difficult to find person who is keenly appreciative of one's talent）这一典故喻指知音难遇。据《列子·汤问》记载，伯牙是古代一位善于弹琴的乐者，而钟子期善解琴音，是伯牙的知音。在钟子期死后，伯牙认为再没有人能像钟子期那样懂得他的音乐，于是破琴绝弦，终身不再弹琴。

“八仙过海”（the eight Immortals cross the ocean each displays their own talent or skill to see who is the best）这一典故寓意是各自有一套办法，或各显其能，互相竞赛。“八仙”是指张果老、汉钟离、铁拐李、吕洞宾、韩湘子、曹国舅、蓝采和、何仙姑。根据明代的《东游记》记载，相传“八仙”过海时不用舟船，而是使用各自的一套法术，各使手段、各显神通地过海。

“画龙点睛”（bring picture of dragon to life by in the putting pupils of its eyes）这一典故喻指在作文或言谈时，在关键之处加上精辟的词句点明要旨，从而使之更加精辟传神、生动有力。根据唐朝张彦远《历代名画记》记载，传说梁代张僧繇在金陵安乐寺寺壁上画了四条龙，却不给龙点眼睛，说如果点了眼睛，龙就会飞掉。别人不相信，偏叫他点上。结果，张僧繇刚给其中一条龙点上眼睛，便雷声大作，震破墙壁，这条龙乘云上天，只剩下没点眼睛的三条龙。

（3）民间习俗

风俗习惯是指社会上长期形成的风尚、礼节、习惯的总和构成了民间的风俗，是社会文化的重要组成部分，是促使语言不断丰富和发展的源泉，也是典故产生的来源之一。比如汉语中的“各人自扫门前雪，休管他人瓦上霜”这一典故源自人们的生活习惯：在冬天下雪的时候，各家各户为了行走方便，各自清扫自己庭院中或门前的积雪。该典故现在常用来指各自为政，只考虑自己的利益而不顾他人或集体利益的行为。另一典故“半斤八两”源自中国习惯使用的“斤”这一计量单位，整个成语表示一半对一半。下面再介绍一些源于民间习俗的汉语典故。

“下马威”(severity shown by an official on assuming office show off strength at first contact)泛指一开始就给以颜色，给对方一点厉害，或者向对方显示威力。在封建社会的官场中，新官上任后的普遍做法是刚一上任就严厉处罚一批属吏，以此显示自己的威风，从而收到敲山震虎之效。

“采兰赠芍”（present peony to the other for orchid given by him or her between couple of lovers）喻指表示彼此相爱之情。芍是指芍药，是一种香草。古代男女青年你采兰花给我，我回赠芍药于你，以表示爱意。

“三茶六礼”（complete ritual in decent wedding）喻指礼仪完备、明媒正娶。其中，“三茶”指我国旧时娶妻多用茶作为聘礼的习俗，“六礼”指纳彩、问名、纳吉、纳征、请期、亲迎这六项娶亲礼仪。

“民以食为天”（Hunger breeds discontentment-enjoy delicious food is of the prime importance）意思是以粮食为生存的根本。这是由于长期的生产、生活使中国人深刻地意识到粮食对人类生存的重要性。现代的餐饮业又赋予这一典故另一种新意，即享受美食乃人生首要乐事。

（4）古典文献

有一些汉语典故是从古典文献（包括史学、哲学、文学书籍与作品）中的经典名言名句里抽取、提炼、演化而来的，是人们为了方便使用而概括出来的。

例如：出自《三国演义》的“三顾茅庐”“过五关斩六将”等，出自《红楼梦》的“林黛玉”，出自《水浒传》的“梁山好汉”，出自《西游记》的“唐僧肉”，出自《吕氏春秋·明理》的“罄竹难书”，出自杜甫诗句的“射人先射马，擒贼先擒王”。下面再介绍一些源自古典文献的汉语典故。

“兔死狗烹”（kill the trusted aides once they have outlived their usefulness）比喻事情成功之后，把为此效力且有功的人抛弃或杀掉，多指统治者在成功后杀掉功臣。该典故出自《史记·越王勾践世家》：“范蠡遂去，自齐遗大夫种书曰：‘飞鸟尽，良弓藏；狡兔死，走狗烹’。越王为人长颈鸟喙，可与共患难，不可与共乐。子何不去？”

“鞭长莫及”（beyond the reach of one's power or authority）比喻距离太远力量还达不到。这一典故出自《左传·宣公·十五年》：“古人有言曰：‘虽鞭之长，不及马腹。’”

“名落孙山”（ fall behind Sun Shan fail in an examination or competition）用以婉言应考未中。这一典故出自宋代范公偁《过庭录》：宋代孙山考中了末一名，有人向他打听自己的儿子是否考中，孙山便回答道“解名尽处是孙山，贤郎更在孙山外”。

“皮之不存，毛将焉附”（With the skin gone，what can the hair adhere to thing cannot exist without its basis）喻指事物没有基础就不能存在。这一典故出自《左传·僖公十四年》：“皮之不存，毛将焉附？”

“逃之夭夭”（make one' s get away）原本是形容桃树枝叶繁茂，由于“桃”与“逃”同音，后来人们用这一典故喻指逃跑、溜走，是一种诙谐的说法。这一典故出自《诗经·周南·桃夭》：“桃之夭夭，灼灼其华。”

三、英汉典故文化互译

（一）直译加注法

对于一些英语典故，如果仅采用直译的方法，很难使中国读者完全理解其中的寓意；如果改为意译，又很难做到保持原有的形象和风格。这时就可以采用直译加注法来对其进行翻译。这不仅可以保持其原有的形象和风格，还可让读者理解其潜在的意义。例如：

【例 1】A good dog deserves a good bone.

译文：好狗应得好骨头。（有功者受奖。）

【例 2】There is no rose without thorn.

译文：没有不带刺的玫瑰。（世上没有十全的幸福；有乐必有苦。）

【例 3】An old dog will learn no new tricks./You cannot teach old dogs new tricks.

译文：老狗学不出新把戏。（老顽固不能学新事物。）

（二）直译联想法

在英汉两种语言中，有许多典故的含义或比喻意义基本相同，但表达方法存在很大的差异，这是由以英语为母语的国家和中国的文化差异造成的。对这种情况，译者就可以使用直译联想法进行处理。所谓直译联想法，是指直译原文而得出的译文容易使译文读者联想到自己所熟悉的典故。例如：

【例 1】Bad workmen often blame their tools.

译文：拙匠常怪工具差。（联想：不会撑船怪河弯。）

【例 2】It' s a long lane that has no turning.

译文：路必有弯；世上没有直路。（联想：事必有变；瓦片也有翻身日。）

【例 3】He who laughs at crooked men should walk very straight.

译文：笑别人驼背的人得自己首先把身子挺直。（联想：己不正何以正人。）

（三）意译改造法

英汉文化中有许多在形象和风格方面存在差别的典故，它们的意义大致相同，所以翻译时，只需略加改造即可达意，还可以避免改变原文典故的结构和习惯。例如：

【例】One swallow does not make a summer.

这句英语谚语的直译：只发现一只燕子不能说明夏天的来临。

汉语里没有与此完全等值的谚语，但是有与其相似的谚语，如“一花不是春”或“独木不成林”等。因此，译者可以采用意译加改造的办法将其译成“一燕不成夏”。

（四）等值互借法

对英汉文化中一些在意义、形象或风格上都比较相似或近似的典故，译者就可以采取等值互借法。例如“Walls have ears”可以借助汉语谚语译成“隔墙有耳”，既忠实于原义、原有形象及风格，又符合汉语的谚语结构和习惯。这样的例子还有很多，如下所述。

【例 1】Great minds think alike.

译文：英雄所见略同。

【例 2】Like father，like son.

译文：有其父必有其子。

第七章　跨文化背景下的英语实用文体翻译

将翻译活动置于跨文化语境的视角下，是时代对商务活动的要求，也是翻译研究发展的需要。本章将分别针对商务文体、广告文体、旅游文体及文学作品中的文化翻译进行实践分析。

第一节　跨文化背景下的商务文体翻译

一、商务英语的内涵

商务英语（Business English），顾名思义是指在跨文化商务交际过程中所使用的英语。商务英语是服务于商务活动的一种具有专门用途的英语体系。随着世界各国经济的快速发展，以及越来越明显的经济全球化趋势，商务英语已逐渐成为跨文化商务活动中重要的交际工具，以及人与人之间沟通的桥梁。商务英语服务对象的特殊性，决定了商务英语在用词、句法、文体等方面与传统的英语有许多不同之处。

在我国，商务英语主要应用于国际贸易与交流，因此也被称为“外贸英语”（Foreign Trade English）。商务英语在大学教育中指的是商务英语专业下的商务英语学科知识体系，主要用来传递知识与信息，能够突出反映国际商务学科领域的特征和发展情况，具有明显的学科性。

从字面意义上理解商务英语，可以发现其包含着“英语”和“商务”活动两部分。但是，商务英语的含义绝不是这两部分的简单相加，而是这两部分的互相融合、互相渗透，缺一不可。

商务英语是一种职业语言，有其使用的特定语言环境。同时，商务活动和语言是密不可分的，商务活动的顺利进行需要商务活动参与人对语言的合理运用及对词汇语法资源的适当掌控。

二、商务英语的文体特点

（一）格式规范统一

商务英语是国际上处理各类商务事宜时使用频率最高的语言之一。来自不同国家、不同地区的人都以英语为媒介协商与处理相关事务，从而实现各自的预期目标。这就要求商务英语采取统一、规范的格式，尤其是在一些具有重要意义的法律文件中。只有采用了统一、规范的文本，才能使交易双方的权利、义务用文字明确下来，确保来自不同国度、使用不同语言的贸易双方的权益不受侵害，为双方顺利开展贸易合作打下坚实的基础。

（二）表述条理清晰

商务交际具有复杂性与高效性的特点，这就要求商务英语的表述必须做到主次分明、条理清晰。具体来说，商务英语应使用相对固定的表达形式，极力避免逻辑混乱、态度暧昧或观点不清等问题，必要时还可以附上范例、说明、图示等。这样才能使交易伙伴在最短的时间内把握核心内容，并做出回应。下面以商务说明书为例进行分析。

商务说明书常常通过对产品的性能、原材料、功能等方面的介绍，达到宣传产品、吸引消费者的目的。为此，商务说明书往往是在对顾客心理进行深入分析的基础上，按照顾客的思维逻辑来组织语言的，其目的在于吸引顾客的注意力，促使顾客驻足购买。概括来说，商务说明书通常遵循“标题—正文—落款”的表述条理。

1. 标题

标题既可以直接使用“产品简介”“操作说明”等，也可以以商品名称为标题。为凸显商品特色，还可以在商品名称之后增加副标题。此外，标题还可以向消费者表明商品的注册商标、生产厂家等信息。

2. 正文

作为说明书的核心部分，正文通常包括五个方面的内容，如表 7–1 所示。

表 7–1 商务说明书的正文内容

序号	商务说明书的正文内容
(1)	商品概况（名称、发展史、产地、制作方法、规格等）
(2)	商品的性能、规格、用途
(3)	安装和使用方法
(4)	保养和维修方法
(5)	附件、备件及其他需要说明的内容

由于类别与功能的不同，正文的内容可对以上几项有所取舍。

3. **落款**

在落款部分，通常需要注明生产厂家和（或）经销单位的名称、地址和联系方式等，以便于消费者咨询。

（三）措辞婉转礼貌

为了创造和谐、友好的交际环境，营造良好的交际氛围，商务英语通常使用一些礼貌、委婉的表达方式。这对于交际双方避免尴尬与冲突、妥善处理矛盾与纠纷具有不可估量的作用。概括来说，商务英语的委婉、礼貌通常有以下五种表现方式。

1. **使用过去时**

商务英语中使用一般过去时来表达现在的愿望、请求、建议等，既可以创造出一种时间距离，又可以表达商量的语气，从而给对方留有足够的余地，促进交际的顺利进行。

2. **使用进行时**

由于进行时常表示暂时进行的动作，因此商务英语常通过使用进行时来表达观点。这就意味着请求不是深思熟虑的结果，而更像是一时的想法，从而使双方都保全了面子。此外，使用进行时还可以礼貌地使对方也参与到对话中来。

【例】We were discussing the terms of payment and the shipment.

译文：我们昨天讨论了付款方式和装船事宜。

本例使用了进行时，这就使听话人感觉交流尚未结束，自己可以随时加入，因而营造了良好的谈话氛围。

3. 使用虚拟语气

国际商务活动常涉及交易价格、保险、装运、索赔等与利益相关的敏感内容。双方在交际过程中常常会提出自己的意见，当不能得到满意答复时，甚至会提出请求乃至命令。为将交际中“威胁对方面子”的负面影响降至最低，商务英语常使用虚拟语气

4. 弱化肯定语气

一些具有弱化功能的表达方式，如“ think” “hope” “regret” “please” 等可使建议更加容易被接受，从而有利于商务交际目标的实现。

5. 委婉否定

当交际一方不能接受对方的请求或建议时，如果直接使用否定句“I can not accept at all”或“I don' t agree”，既会损害对方的面子，也不利于取得满意的沟通效果。此时，交际方应使用一些固定的委婉拒绝表达法。

【例】We presume that there must be some reason for your having trouble with this article.

译文：我们认为你们在这项条款上一定有什么困难之处。

本例没有直接使用否定句，而是从对方角度出发来进行分析，其礼貌度和可接受度比直来直去要好得多。

（四）语言简练清晰

随着社会的发展与科技的进步，人们的生活节奏在逐渐加快，越来越多的人更加重视商务活动的交际效率。具体来说，商务活动的参与者越来越希望在更短的时间内处理更多的问题，实现更大的交际效益。因此，在交际过程中，商务英语的表达必须简练明了，避免模棱两可、拖泥带水，甚至烦冗重复。试比较下面几组句子。

（1）We will write to you at an early date.

（2）We will write to you soon.

译文：我们会马上给您回复。

（1）I am afraid I am not in the position to grant your request unless you inform me of the reason why you need this information.

（2）I am afraid I cannot provide this information unless you tell me why you need it.

译文：很抱歉，如果你不能告诉我你为何需要此信息，我就不能告诉你。

每组中的（1）句均存在用词啰唆冗余的问题，而（2）句在保持原意的同

时使用了简洁的方式，从而使语句内容更加清晰，行文更加流畅。

此外，为使表达更加简练，商务英语还常省略“that”“which”等关系代词或连接词。例如：

（1）We are pleased that we have received the catalogue that you sent us on January 1.

（2）We are pleased to have received the catalogue sent to us on January 1.

译文：我们很高兴收到了 1 月 1 日寄来的目录表。

在上面的句子中，（2）句既保留了原意，又通过省略“that”“which”等词，使表述更加简洁明了。

三、商务文体翻译文化对比研究

中文和英文本身都具有自身的明显特性。两种语言无论在翻译理论方面，还是在翻译实践中，都渗透着各自不同的文化特色。通过对比中国和英语国家语言和文化的不同，可以为不同语言和文化地区的人们搭建更好的沟通桥梁。中文和英文的差异，除了词型、拼写、发音、语法等不同外，在翻译中更重要的方面是对词、句、篇等语言文化的对比处理；对于一些特殊领域和具有特定文化内涵的内容，还需要在语用方面进行对比分析。下面我们就从商务英语翻译中的词语、句子、篇章、语用四个方面来简要说明翻译过程中语言和文化因素的影响。

（一）词语的对比

商务文章中的词语，除了具有本民族的文化色彩外，往往还具有很强的专业性，一个词语往往有很多不同的意思。译者在翻译时除了要看词语的一般含义，还要结合具体商务文化背景来推测其真正含义，同时还要注意目的语的专业性。词语的对比翻译主要遵循的原则是：从词语的字面含义中筛选出符合词语所要表达意思的准确含义，这个含义同时也要符合译入语的语言和文化特征。如下面一段话：

It seems that, the more traders try to predict, the more it cannot be done. Just as we cannot predict future life events, we cannot predict future market events. The fantasy or "holy grail" that many traders believe in is that we can predict the future of price activity The reality is that we just cannot! I hope I am not bursting any bubbles out there, but better to hear it now than lose a ton of money later!

译文：一般看来是这样的：交易者试图预测的越多，那么预测的结果就越不可行。就像我们无法预测未来的生活事件一样，我们也无法预测未来的市场情况。很多交易者相信幻想或“圣杯”的结果是：我们能够预测未来价格走势的发展方向。现实则恰恰相反，我们做不到。我希望大家不要认为我是在突发奇想，而最好是现在听听，总比日后失去大量金钱要好得多。

英文中的“holy grail”具有很强的西方文化特色，而汉语中没有特定文化内涵的词语与之相对应，除了按照字面意思翻译成“圣杯”外，还要进行相应的处理，如用加注的方式予以解释。这样，我们就可以基本理解“圣杯”的含义了。

另外，在翻译教学实践中，发现很多学生都将“trader”这个词翻译成“贸易者”或“贸易人员”。这样的译法显然没有注意到该词所处的语言环境，有失汉语专业性。因此，译者在翻译时除了在理解原文词语意思的基础上翻译，还要根据具体的商务背景来选择合适的汉语词语进行准确的专业性表述。这也是不可忽视的一个方面。

（二）句子的对比

英语是一种注重主语 (subject-prominent) 的语言，它的基本形式是主语和谓语的一致。这个基本架构的扩展机制，在于从属成分与它的有序挂靠。而汉语是注重话题（topic-prominent）的语言，它的主语和谓语不一定具有英语中那种严格的形式关系。因此，在翻译时，我们应该根据英汉句子各自的语言结构特点对原语言的句子结构进行相应的调整，以符合目的语的结构文化特征。句子结构的调整主要是语序的变化，即句子成分和句子之间排列次序的变化。句子的调整还可以是句子成分的变化和增减，如下面的例子就是将英文中的主语翻译成汉语中的动词，当然词义的顺序也必须做相应的调整。

【例 1】 The installation should be commenced as soon as all the remaining problems have been cleared up.

译文：待剩下的问题都解决之后就立即开始安装。

英汉翻译过程中对句子的处理方式存在很多逻辑上的重组现象。根据篇章中句子的排列特征，我们可以把篇章中的句子结构从空间结构、时间顺序和时空共构三个方面进行划分。下面一句话的翻译就是在空间结构上进行了较大的调整。

【例 2】 Since World War II，the American economy has been on a "throw-away" basis，making shoddy-products that break or wear out quickly on the theory that the sooner product wears out， the sooner the need for purchase.

译文：按照商品耗损得越快、消费品就越需要更新的理论，美国在第二次世界大战以后将经济建立在了"用过就扔"的基础上，生产出很快就破损的次品。

（三）篇章的对比

翻译活动所处理的不是一个个孤立的词句，而是由互相关联和制约的词语和句子，按照一定的交际目的，按照一定的格式，有机地组合在一起的语篇。① 实际上，语篇的研究主要体现在语篇的结构和语篇的语境研究上。针对语篇层面而言，译者必须了解商务领域的行业规范和背景知识，熟悉商务运作各个环节所使用的成套术语和各类商务语篇的表述模式与结构，不说外行话，要确保译文的专业性、整体性、礼貌性，并努力使译文的语气与原文一致，传达相同的功能。

下面是一篇英文商务信函，文章表达简洁明了，句子衔接紧密、连贯紧凑，又不失专业性表述和规范，礼貌得体。例如：

Dear Sirs,

We learn from Thomas H. Pennie of New York that you are producing hand-made gloves in a variety of artificial leathers. There is a steady demand here for gloves of high quality at moderate prices.

Will you please send us copy of glove catalogue, with details of your prices and terms of payment? We should find it helpful if you could also supply samples of these gloves.

Yours faithfully

Tony Smith

与原英文的篇章结构和专业表述一样，下面的译文也展现了相应的汉语商务信函规范和礼貌模式。译文：

尊敬的先生：

我公司从纽约的托马斯·H. 彭涅公司处敬悉贵公司生产各类手工制人造皮手套。本地区对中等价位的高品质手套一向有稳定的需求。

请惠寄贵公司的手套目录一份，详述有关价目与付款条件。希望贵公司顺带惠赐样品。

采购部主任

托尼·史密斯

① 李运兴．语篇翻译引论［M］．北京：中国对外翻译出版公司，2001：19.

基于中英语言文化的不同，上述译文并不是按照逐字对应的方式翻译的，而是按照中文的商务信函用语把英文的意思完整不漏地表述出来。因此，商务篇章的翻译需要在对比中英不同语言文化的基础上进行。

（四）语用的对比

翻译研究无论在理论上还是实践中，都离不开语境和对语境的研究。翻译活动中的语境可以是文化语境，即语篇外的文化背景；可以是情景语境，即原语读者和目的语读者作为共享的语境知识；也可以是文本语境，即语篇内的信息内容。语用学是研究语言使用的科学，无论哪种语用学理论都是以语境为核心研究内容。语用翻译对比研究，实际上就是翻译过程中在对比原语言和目的语的各种语境（文化语境、情景语境和文本语境）后所做出的既符合原语言语境又符合目的语语境的目的语最优选择。在英汉商务翻译中对比不同的商务、语言、文化环境，然后总结出符合目的语语言文化的语言，使目的语读者能原汁原味地体会原文的语用目的。如下面一段英文：

Mr. Soros'quantum fund is reputed to have made a billion dollar profit speculating against Sterling during the most recent EMS crisis. The Malaysian national bank， whose then governor is now otherwise occupied，lost more than that betting the other way（ironically，Mr. Soros himself admitted to losing $600. in speculation， notably in the Yen，early in 1994）.

这段英文虽然不长，但是其中有很多专业术语和特定的文化背景。其中，EMS在我们的印象中是特快专递，但这里的语境显然不是这个意思，在翻译成中文时应该进行说明，以让中国读者明白这个词的确切含义。下面的译文就使用了希基在他的言后等效翻译理论中所提及的翻译过程中的解释方法。

译文：索罗斯先生的量子基金因为在最近EMS（European Monetary System，欧洲货币体系）危机中投机英镑挣取了数十亿美元而声名鹊起。当时由政府控制而现在已改换门庭的马来西亚国家银行却在另一场赌博中输掉了更多的钱（具有讽刺意味的是，索罗斯本人承认在有名的1994年日元投机风波中输了6亿美元）。

语用翻译的研究涉及语用学的方方面面，如指示语的翻译研究、语用预设的翻译研究、会话含义理论的翻译研究、言语行为理论的翻译研究、礼貌原则的翻译研究、关联理论的翻译研究、适应理论的翻译研究、对比语用学的翻译研究、社会语用学的翻译研究、修辞语用学的翻译研究、跨文化语用学的翻译研究等。无论是什么样的方法，我们在翻译时都应考虑不同语境的存在，根据原文语境来翻译，这样才能不失原文的根本含义。

综上所述，中英商务翻译过程中除了考虑词语字面本身所表达的意思之外，还要考虑两种语言在词语、句子、篇章和语用四个方面的语言文化差异，通过语言文化的对比，使翻译过来的目的语充分传达原文本意，符合读者的要求。

第二节　跨文化背景下的广告文体翻译

一、商务广告语言特点

商务广告语言的表现要求如下所述。

（一）鲜明突出

鲜明突出，是指宣传主题的鲜明突出、广告宣传对象主要特色和个性的鲜明突出，以及商品宣传方法的鲜明突出。

（二）简明通俗

简明通俗，指广告语言的运用要简洁、精练，令人读后过目不忘。

（三）新颖别致

新颖别致，是指广告语言要有创意，要符合受众求新、求奇的心理。只有凭借新奇独特的广告语言，才能在浩如烟海的广告中立于不败之地。广告语言的新颖别致，就是要巧妙利用所宣传产品对象的特点，通过联想的方式将宣传对象与其他事物联想起来，让受众从一个全新的角度看待所宣传的产品。

（四）生动形象

生动形象，是指广告语言要风趣，对所宣传对象的描述要栩栩如生、形象感人，让受众读后觉得妙不可言，并给人以精神上的享受。

二、广告文体文化翻译原则与实践分析

英国翻译理论家纽马克在探讨翻译时，将翻译同语言功能结合起来，提出文本分为“表达型文本”“信息型文本”“呼唤型文本”三类。译者在翻译时

应针对不同文本类型采用不同的翻译方法。纽马克所提倡的翻译方法主要有语义翻译法和交际翻译法。

以表达功能为主的文本应采用语义翻译法，而以信息功能或者呼唤功能为主的文本应采用交际翻译法。

（一）“效果优先”原则

要保证译文和原文具有同等效果，充分发挥译者的创造性，使得译文在译语文化中有良好的可接受性。

（二）“符合译语文化”的原则

广告翻译应优先考虑在目的语中传达源语的说服、劝诱效果。因此，对于广告中那些带有浓厚文化色彩的习惯用法、成语，或源于寓言、典故、宗教习俗的地名与人名等，译者需要在“效果优先”的前提下进行调整，不可按字面意思一味地做异化翻译。当原文中极普通的词语直译成译语会引起译语接受者的误解时，译者也需要斟酌。

（三）“符合译语广告规范和特色”的原则

语言表达及文化背景的差异，使得英语广告和汉语广告有各自的撰写特色。广告译文在符合译语文化背景的同时，也应符合译语广告的写作特色及编排习惯。从汉、英语言的特点来看，汉语突出物象，喜欢托物寄情，所以中国文人在广告写作上好用华丽之词和朗朗上口的四字成语；而英语则更重形式、重写实、重理性，所以英语国家的广告则强调用词简洁自然，多用简短的省略句、疑问句、祈使句等。如果译者过多地受源语广告写作手法的束缚和干扰，一味考虑源语语言因素，则有可能使一则优秀的广告变得不伦不类，句子冗长，内容枯燥乏味，让译文读者难以理解与接受。

商业广告不仅具有广告的特性，还具有自己独特的属性，即商业广告是以营利为目的的信息传播活动。商业广告具有唤起需要功能和说服功能。唤起需要功能是指除了传递商品或服务的信息，广告还应向消费者灌输一种全新的理念，从而让消费者产生好奇的心理并对产品感兴趣，最终让消费者觉得对所宣传的商品有实际的需要。说服功能指的是广告能够消除消费者的不安，让其有勇气去购买。

第三节　跨文化背景下的旅游文体翻译

旅游文本主要指以国外普通游客为对象，介绍中国旅游资源的书面体指南性资料。从文体角度来看，该类型资料属于说明性应用文体，以描写、说明、介绍为主，主要的功能是向读者传达信息，语言简洁明了，用词朴素平实，文章的组织行文在一定程度上呈格式化。因此，它具有信息功能。鉴于旅游外宣传播的功能不仅是向旅游者传递有关旅游产品的信息，还要通过对旅游产品的介绍、宣传、推广来引起旅游者或潜在旅游者的兴趣，激发他们亲身体验旅游产品的愿望，具有较强的吸引力和感染力，因此，它还具有一定的呼唤功能。

一、英汉旅游文本的文体特点

英汉旅游文本具有各自的文体特色及其风格差异。贾文波认为，汉语旅游宣传材料大多重言辞的华美，多用四言八句，多仰仗辞藻的渲染而非物象的明晰展示，因而“文采浓郁”。究其原因，汉语旅游宣传材料的写作历来受古代地理著作及山水游记类散文作品如《水经注》及《徐霞客游记》[①]等的影响，行文讲求工整，声律讲求对仗，文意讲求对比，追求音形意美及诗情画意的效果。

英文的旅游宣传材料则大多风格简约，结构严谨而不复杂，行文用词简洁明了，表达直观通俗，注重信息的准确和语言的实用，景物描写多用客观的具体罗列来传达实实在在的景物之美，力求忠实再现自然，让读者有一个印象。

二、英汉旅游文本的文化差异

旅游文本会涉及许多风土人情、历史典故、民间传说等，具有较浓厚的文化色彩，有许多文化负载类信息。汉语属于汉藏语系，而英语属于印欧语系，

①　《徐霞客游记》是明代地理学家徐霞客创作的一部散文游记。明末徐霞客经34年旅行，写出了天台山、雁荡山、黄山、庐山等名山游记17篇以及《浙游日记》《江右游日记》《楚游日记》《粤西游日记》《黔游日记》《滇游日记》等著作，除佚散者外，遗有60余万字游记资料。

两者的语言文化存在着比较大的差异。因此，汉英语言翻译存在许多文化缺省，需要在翻译中进行信息调整和弥补。

三、商务英语旅游文本的翻译方法

商务英语旅游文本的翻译方法，如表 7–2 所示。

表 7–2 商务英语旅游文本的翻译方法

商务英语旅游文本的翻译方法	具体阐释	
直译法	如果英语旅游原文中包含很多实质性信息，且没有太多特殊的文化内容，译者在翻译时就可以采用直译法。这样不仅便于读者理解，还能使读者接收到全面的信息	
转译法	转译为副词	在英语中，表示时间多用名词或名词性短语，如“one moment”和“the next”，用以引出相继发生的连串动作。译文将这两个词分别译为汉语中的副词“刚刚”和“忽然间”。这样翻译可以使前后发生的动作显得更加连贯，同时也符合汉语的表达习惯
	转译为名词	在翻译英语旅游文本时，译者可以将英语中的一些形容词、副词和由名词派生的动词转译为汉语的名词
	转译为形容词	在翻译英语旅游文本时，译者可将原文中某些形容词派生的名词，以及一些作宾语或表语的抽象名词转译为汉语的形容词
	转译为动词	动词在汉语中使用的频率要高于其在英语中使用的频率。在汉语中，若干个动词并列使用的结构十分常见。因此，译者在翻译英语旅游文本时，可以将英文中的名词、介词、形容词和副词转译为汉语的动词
拆译法	在语言结构方面，英汉语言存在着显著的差异，所以翻译英语旅游文本时常采用拆译法，即将英文中的立体复合结构按照汉语的行文方式拆开来译，将一整句话拆分成若干个短句，按汉语事理顺序平行铺排	

续　表

商务英语旅游文本的翻译方法	具体阐释
增译法	如果采用直译法不能使译文与原文产生相等的效果，此时译者可以考虑采用增译法，即按译入语的行文习惯适当增加词语，将原文的内涵意义传达出来，从而增强译文的修辞效果，使之更符合译文读者的阅读习惯。 [例] Venice invites idleness and strolling. Its silence is restful and its sundials are inscribed with the words: Horas non mumero nisi serenas（I count only the happy hours）.（Venice，English World） 译文：威尼斯是人们休闲解闷、闲庭信步的好去处。它宁静从容，闲适悠然，连城中的日晷上都刻着这样的铭文：“只计幸福时光”。 这样的译文意义更明确，也更为汉语读者所喜闻乐见。如果将原文中的“invites idleness and strolling. Its silence is restful”直译为“邀请悠闲和散步，安宁是静止的”，显然是不合逻辑的。为了填补逻辑语义的缺失，译文应增添恰当的词汇

第四节　跨文化背景下的文学经典作品翻译

一、文学翻译的界定与本质

（一）文学翻译的界定

这个问题的答案似乎显而易见：文学翻译即对文学作品的翻译。然而，我们在使用“文学翻译”这个术语时，很少注意到这个词的双重含义：它既可以指文学翻译的作品，也可以指文学翻译的行为。如果我们进一步追问，会发现问题远非那么简单：什么是文学？什么是翻译？文学翻译与非文学翻译有何区别？文学翻译的本质是什么？对这些基本问题，我们未必能给出令人信服的答案。因此，我们有必要对文学翻译的概念进行简要的梳理。

关于“文学”（literature）一词的概念，古今中外都存在广义和狭义之分。

广义的文学是指所有的口头或书面作品。狭义的文学指的是包含了情感、虚构或想象力的作品，如诗歌、小说、戏剧、散文等。然而，还有一些作品难以归类，习惯上被视为文学作品，如传记、纪实文学等。一般而言，文学翻译是指对诗歌、散文、小说、戏剧、杂文、传记、儿童文学等文学作品的翻译。

文学是语言的艺术，而翻译的核心是语言。因此，语言的运用不仅是文学区别于非文学的重要特征，也是文学翻译关注的首要问题。那么文学语言究竟有什么特征呢？波洛克在《文学的本质》一书中，对文学语言、科学语言和日常语言进行了比较全面的区分。文学语言的特点如下：

（1）文学语言有很多歧义。每一种在历史过程中形成的语言，都拥有大量同音异义字（词），以及诸如语法上专断的、不合理的分类，并且充满着历史上的事件、记忆和联想。

（2）文学语言远非仅仅用来指称或说明，它还有表现情意的一面。

（3）文学语言强调文字符号本身的意义，强调语词的声音象征，如格律、头韵和声音模式等。

（4）文学语言对于语言资源的发掘和利用更加用心和更加系统，具有十分一贯和透彻的“个性”。文学语言一般不以实用性为目的，而是指向审美的。

（5）文学（语言）处理的大都是一个虚构的世界、想象的世界。

根据这段论述，我们概括总结文学和文学语言的特点如下：文学作品的内容是虚构的、想象的，其目的是审美；文学注重的不是语言的意义，而是语言本身，表达人类丰富的情感；文学语言具有丰富的内涵，与该语言所特有的历史文化有着密切的关系；形式上丰富多彩，具有创意性；语言独特，具有节奏和韵律。简言之，文学的想象性、审美性、创造性、抒情性是它与非文学（科学和日常语言）的显著区别。当然，我们也必须明白：“艺术与非艺术、文学与非文学的语言用法之间的区别是流动性的，没有绝对的界限。”①

此外，不同文学体裁在上述性质上的表现程度也不尽相同。例如小说对语言形式（音韵、格律等）的关注就不如诗歌和散文，而后两者对语言描写的内容（人物、情节、环境等）的重视就远不如小说。总之，从语言所具有的特征方面来讲，文学翻译作品的语言应该具有想象性、审美性、创造性和抒情性。从内容来讲，文学翻译是对文学作品的语言形式、艺术手法、情节内容、形象意境等的再现。

---

① 韦勒克·R，沃伦．文学理论［M］．刘象愚，邢培明，陈圣生，等译．南京：江苏教育出版社，2005：9-18.

以上从不同侧面对文学翻译的界定，在一定程度上厘清了文学翻译和非文学翻译的关系。然而，上述定义却无法回答文学翻译行为本身的性质问题：文学翻译是对原作的临摹还是创作？是一门语言转换的技巧还是货真价实的艺术？文学翻译是否具有不同于文学创作的性质？对这些问题的回答，不仅仅是概念问题，而是关乎我们如何看待文学翻译的本质、地位、价值、标准、方法和评价的关键步骤。

（二）文学翻译的本质

在使用“文学翻译”这个词时，应当注意它既可以指文学翻译作品，也可以指文学翻译的行为。我们常常混淆二者，将文学翻译作品的性质与文学翻译行为的性质混为一谈。对于前者，由于文学翻译的对象即文学文本的特殊性，文学翻译作品当然也具有审美性、形象性、创造性、抒情性和模糊性等特点。而我们对文学翻译行为的认识，经历了一个不断发展的过程：模仿、创造、改写、操纵、叛逆、阐释等。

二、文学翻译中的文化缺省补偿策略

（一）文化缺省补偿的必要性

读者在理解文本时，必须将文中提供的信息和他大脑中的已有知识加以关联。从这个意义上讲，作者构建文本，而读者把文本信息和他大脑中已经存在的看不见的信息加以结合构建意义。但是，译文作者由于有着不同于原文作者的生活背景和文化背景，在翻译一本书或者一篇文章的时候就容易出现文化缺省。

生活在不同社会背景下的人有着不同的文化背景知识。文化背景知识的概念，是基本的假设、信仰、思想以及政治和历史背景等知识。这些知识在某一文化中根深蒂固，为生活在同一语言文化背景中的人所共同拥有，但是很少在书本上对其加以定义和描述，因为文化背景知识太基础、太显而易见了，根本无法用语言进行描述。但是，在实际中，原文作者不会在乎译文作者的翻译能力，在原文里面一些对于原文作者显而易见的内容，会对译文作者在推断层面造成障碍。也就是说，译语读者不熟悉文本的文化背景，就不能在两个陈述的事件中发现发生于其间的细节（intervening details）。

例如一些习惯用语及一些不言而喻的缩写词，在原文作者国家很常见，但是译文作者有时候为了直译，不对文化缺省进行补偿，导致译语读者根本不知道原文在说什么。在跨语言文化交际中，译语读者没有合适的图式或者根本就没有相关的图式来进行搜索，因而就没有充分的线索来激活他的图式空位。因此，在翻译过程中，由于文化缺省不可避免地存在，译者应该把在结构上隐含的内容在译文中加以明确表达，以便译语读者获得对原文的准确和连贯的理解。

接受者对文本的理解，在很大程度上依赖于自己的文化背景知识。实际上，原文作者是根据自己的语言和文化背景生产原文的。既然源语接受者和原文作者具有相同的文化背景知识，源语接受者通过激活他长期记忆中的图式，把原文作者意欲表达的文化含义和文本加以关联，就可获得对原文的透彻理解和阐释，即使原文中的含义在结构上不透明。但是，译语读者由于不熟悉原文中的文化背景知识，难以完全理解原文所表达的内容。如果原文结构上的隐含意义在译文中不加以明确表达，译语读者就会产生误解或者不明白原文作者的真实意图。因此，为了使译文读者较好地理解原文，译者应采取恰当的方法对译文的文化缺省进行补偿。

人际交往的七个要素是信息源、信息、信道、接受者、反馈、障碍和背景。在此过程中，信息源通过信道传递到接受者。由于翻译是一个跨文化交际过程，译者在翻译过程中既是原文的信息源，又是译文的作者。换句话说，译者既是信息源，又是信息的接受者，他扮演的角色就是源语作者和译语读者之间思想的桥梁。作为信息的接受者，译者必须在准确理解原文的基础上对信息的内容解码，而解码过程涉及诸如作者的意图和写作背景之类的多个方面。同时，译者又必须把从原文中解码的内容在译语中加以编码，然后传达给译语读者。这个过程叫作再生产或表达。因此，我们认为翻译是一个以目标为导向的活动（goal-directed activity），主要由解码和编码组成，或更准确地说，由解码和重新编码（因为原文信息在源语中已由原文作者编过一次码）组成。

在同一语言交际方面，信息有两个维度：长度和难度（Length and difficulty）。恰当的信息具有的难度都能大致与代表接受者接受能力的信道容量（channel capacity）相匹配。一个信息之所以具有意义，与从众多的可能信息中选出的某个信息的编码、传输和解码能力有关。由于原文读者和他的意向读者生活在同一社会和文化语境中并且以同一语言进行交流，他们之间的交流应该是自然和成功的；否则，他们所赖以生存的社会将难以存在。

然而，在翻译中，我们应该考虑目标语接受者的信道容量。如果一个信息被翻译成同样的长度，那么它的难度就会增大，原文的信息就不能通过目标语接受者的信道（channel）。一般来说，译文接受者的信道容量要比原文读者的小。这是因为对于原文读者来说不言而喻的文化缺省成分，对于目标语读者来说则可能显得莫名其妙。这就意味着源语接受者和目标语接受者由于缺乏共同的历史、文化、经济和政治等背景而发生交际过载（communication overload）。

如果译文的难度超过译语读者的解码能力，译文理解就非常吃力，甚至译文读者会中断阅读。为了使信息顺利通过译语读者的信道，应该在译文中增加冗余信息（redundancy），以便调整交际载荷来适应译语读者的信道容量。但是，这并不意味着译者可以随意增加或减少原文的意义，而是表明译者可以明示源语结构上隐含的意义而同时又能最大限度地保留原文的意义。这就要求把信息的长度拉长以降低源语的难度。为了使译文通过译语读者的信道，译者必须预测原文对于译语读者将会达到什么样的效果，以及什么内容对于译文读者来说会构成文化缺省。

如果文化缺省出现，译者应该根据原文的具体情况增加文化信息，从而在译文中增加一个冗余度（measure of redundancy）来填补译语读者的意义真空。以下以实例进行阐释。

【例1】Being a teacher is being present at the creation, when the clay begins to breathe.

译文：作为一名职业教师，从某种意义上讲，他可以亲眼见识到上帝用泥土创造人类的过程，即目睹一个生命的呼吸成长。

在该例中，单词“creation”源于圣经故事，即上帝用泥土创造了人类。中国读者由于缺乏基督教的文化背景知识，因而有必要添加相关的文化信息以便译文具有意义并能被理解。

【例2】Son，lover，thinker，fighter，leader，Hamlet is the incarnation of all human potential defeated by some warp of human nature and destiny.

译文：作为儿子、情人、思想家、战士、领袖，哈姆雷特是一些人本可以享受天伦之乐品尝热恋的甜蜜，并且可以在工作上大展身手，然而因为命运和人性的戏弄，在最后含恨而死的象征。

英语“potential”在英汉词典上译为“潜力，可能性”，实际上是指“that which is possible”，含义很广。“human potential”是指人所能达到的一切。联系“son”“lover”“thinker”“fighter”“leader”等词，“all human potential”一词的含义就更广泛了。“defeat”一词是指挫折。我们只能根据全剧剧情从天伦、爱情、事业三个角度来加以阐释，得出了上面的译文。这种解释当然是不完备的，但也只能如此。

总而言之，如果原文比较长并且难度大，直接翻译的文字对于中国读者来说是很难理解的，所以译者应该运用意译的形式将文字形象性地加长，从而把文字中隐含的部分用语言表达出来。实际上，这就是把内容因素提升到形式上来的结果。

（二）文化缺省补偿的方法

1. 直译加注

中国唐代诗人孟郊有首诗，原文如下：

欲别牵郎衣，
郎今到何处？
不恨归来迟，
莫向临邛去！

Fletcher 的译文如下：

You wish to go, and yet your robe I hold.
Where are you going——tell me，dear——today？
Your late returning does not anger me.
But that another steal your heart away.

实际上，这里“临邛”是一个典故，构成了一个独特的文化意象。诗人用“莫向临邛去”表明女主人公希望其丈夫不要在外另结新欢。在翻译中，如何处理这个典故确实是一个棘手的问题。而 Fletcher 在译文中回避了“临邛”这个文化意象。这样一来，译文仅仅传达了原诗中包含的信息，却失去了原文的韵味，更重要的是失去了将中国文化中的一个重要特征介绍给西方读者的绝好机会。

在该译例中，译者最好运用直译加注（literal translation with a footnote or an endnote）的方法来对目标语的文化缺省做出补偿，以便读者既有机会欣赏异国文化，也有机会去运用想象力获得审美的愉悦。

【例】Elliott，the costume too large now for his emaciated frame，looked like a chorus man in an early opera of Verdi's. The sad Don Quixote of a worthless purpose.

译文：埃略特的躯体已经消瘦，穿上这身宽大的衣服，活像威尔第早期歌剧里的合唱员。无谓奔波的可悲的堂吉诃德啊！

在该例中，译者采用了直译加注的方法来对目标语的文化缺省做出补偿，以便读者有机会欣赏异国文化，从而获得异域文化探索的愉悦。

2. 文内补偿

（1）增译

一定程度上，增译（contextual amplification）填补了直译加注补偿方法的空白之处。这样既保留了源语文化意象，又可以为目标语读者提供有关文化背景信息。增译虽然符合读者的阅读惯性，但缺点也不可忽视：一是原文的艺术形式在译文中有所变形，隐性的含蓄变成了显性的直白，甚至拖沓、冗长；二是文内可用于语篇外文化介入的空间有限，读者只能从文内获得有限的文化背景信息；三是原文含蓄的审美效果也会因译文透明式（transparent）的处理方法而受到削弱。

有人说翻译就是翻译意义。这种说法有一定的道理。然而，在翻译某些比喻性词语或历史典故这样的具有鲜明文化特色的词语时，译者处于两难的境地，因为这些词语都有着表层结构和深层结构。举例来说，如果我们把“三个臭皮匠，顶个诸葛亮”译成“Even three cobblers can surpass Zhuge Liang”，其表层结构得以传达，而其深层结构在译文中丢失殆尽；如果把其译成“Many heads are better than one”或“Collective wisdom is greater than single wit”，其基本意义得以保留，但其两个文化意象“臭皮匠”和“诸葛亮”在译文中因受到扭曲而丢失殆尽。在这种情况下，译者应考虑运用一种能够使译文吸收这一中国文化的方法来补偿译文的文化缺省。因此，该译例中恰当的方法是采用把注解置入文内的增译法，译为“Three cobblers with their wits combined surpass Zhuge Liang the mastermind”。这样，原文中的意义和意象在译文中都得以保留。

（2）释义

在翻译中，出现近似的两种文化因素或重要的源语文化因素时，我们必须忠实于源语中文化特色词语的表达形式和意象。但是，当源语文化因素与源语语言本身关系密切，或者跟特定历史和文化密切相关，而很难将其置于另一种语言中时，改变原文中的意象和形式，便可以达到忠实于源语文化因素所包含的意义的目的。

在翻译中，两种语言间文化差异的大小决定了源语形式的保留程度，且二者呈正比。在目标语文化不存在源语所提及的事物，或者两种语言背景下的同一事物具有不同的联想意义的情况下，译者可以采用叫作释义（paraphrase）的方法来对目标语的文化缺省进行补偿，但使用前提是源语作者使用的文化因素在源语中的重要性不会影响到艺术意象。在成语或典故的翻译中，直译加注会使译文更加烦琐，所以最常用的就是释义手段。举例如下：

【例 1】右翼骨干

译文：nucleus of the fight wing

【例 2】那么，我们就停滞了，我们就是肯定片面性了，就是同整风的要求背道而驰了。

译文：We could be stagnating and would be approving one-sidedness and contradicting the whole purpose of rectification.

例 1 中如用“backbone”来译“骨干”，会有“翼”和“脊梁”两个形象难以相配的困难（“翅膀的脊梁”不合逻辑）。例 2 中如用“run counter to”来译“背道而驰”，也会与“stagnating”一词相矛盾（既然停滞怎么会朝反方向走）。而译者用释义手段避免了这些矛盾。

三、中国文化特色词语的英译分析

中华五千年文明史给人类留下了丰富的人文知识和文化遗产，这不断的文化沉淀更是形成了独具特色的表达方式。某一特定的文化背景，更是让文化特色词语和特定的语言与文化密不可分，也表现出了很大的特色，如内容精辟、栩栩如生、生动有力等词语，更是凸显了民族特色。我们很难在译文中找到合适的类似表达方式，就是源于文化特色词语表现出来的特殊语言现象。为了更好地让译者提高文化敏感意识，在翻译过程中可以发现特色词语的文化背景信息，并且可以找到更恰当的独具特色的文化语言与原文相匹配，下面以翻译实例的方式，来展示中国文化特色词语英译的翻译策略。

（一）中国文化特色词语

中国文化特色词语翻译实践证明，翻译是一种跨文化交际活动。源于汉语和英语地域、历史和文化背景的差异，形成了两个民族之间不同的价值观和对事物不同的理解力。对于一些还没翻译出来的文字，中国人可能家喻户晓，但国外可能还不了解。国外的很多读者可能连我们国人所熟知的一些知名城市或者企业的位置都不知道。对于我们熟悉的本国名人要事，作者在作品中就不会特意去普及这些大家都了解的知识。这就是为什么读者认为译文文本中会存在一些缺省的成分，因为读者拥有和作者同样的文化背景，即使作者没有在原文中表达出来，读者也可以解读出这些文化信息。被省去的文化信息让作品阅读起来更通俗易懂，实现更高效的沟通。但是，由于文化特色语言背景知识存在的特定的文化差异，它们很难用词语表达出来，因此让译文读者很难理解文章内在的含义。译文读者对文化背景知识的缺乏，也容易导致其对作品断章取义，其中最明显的例子如财运（luckin making money）、江南水乡（lower reaches Yangtze River）等。

（二）中国文化特色词语翻译的策略及方法

从翻译实例中我们也总结出，翻译工作是一条文化交流的纽带。原文作者和译文读者由于地域环境的不同、接受文化的差异，形成了不同的文化底蕴。原文作者并没有考虑到译文读者的承受力，这是一个事实，就是因为原文中文化特色词语隐含的成分并没有表现出来。源语文化特色词语所隐含的文化缺省成分在大多情况下都不被译者重视，这就导致了译文读者断章取义，不能形成思维的连贯性。另外，汉语和英语文化特色词语所涉及的文化底蕴不同，这就导致对译文的错误理解很难被发现，也导致了读者误读原文的含义。从目标读者角度出发，文化特色词语所隐含的文化缺省成分更应该被译者重视，并提高补偿文化缺省成分的意识，在翻译的时候要着眼于不同的文化特色背景，立场更中立一些，在译文中适当地表达出文化特色词语隐含的内容。

1. **释义**（paraphrase）

所谓释义法，是指通过解释原文中文化特色词语所隐含的含义来处理源语中的文化因素。释义法因为既能保留原文的信息，又能在翻译过程中给译者较大的自由度，所以在翻译文化特色词语时得到了广泛采用。释义法用于翻译比喻性词语时，要求译者要抓住内容和喻义这一重要方面，牺牲形象，结合上下文灵活地传达原意。

【例】你们（中层干部）是上面的领导与下面的群众之间的桥梁。

该例句的原文在汉语中是很通顺的，但直译为英语有困难，因为原文中有两个矛盾的形象："上面的"与"下面的"是垂直关系，而"桥梁"则是水平走向。汉语中形象较多，是一种形象的语言，而英语是一种重视逻辑思维的语言。译者应以英汉两种语言的思维方式及比喻形象的异同为切入点，考虑该例的翻译。现给出两种译文。

译 1：You are a bridge between the leadership and the masses.

译 2：You are link between the leadership above and the masses below.

2. **套译**（corresponding）

在众多翻译方法中，较灵活的就是套译，也可称为借用或移植。同时，译者平时应多收集一些英美媒体的表达方式，这样在翻译特色文化词语时，可以直接采用套译法移植一些外来表达方式，以此保证译文的连贯性，同时解决目标语读者理解上的障碍。其中，套译的标准和关键是一个"度"或"得体"的问题。

（1）回译成英语。一些当初译自英语的普通名词，翻译时必须回译成英语名词，这与专有名词的回译是一样的。

专卖店　exclusive agency；franchised store
对冲基金　hedge fund
可视电话　picture phone
业绩奖励　performance incentives
（2）套用国内权威译法。
禁渔期　closed fishing season
对外口径　unified version for the public
配套政策　supporting policies
综合国力　comprehensive national strength

第八章　计算机辅助翻译技术

纵观历史长河，人类社会每一次重大变革都与科学发现和技术发明息息相关。从19世纪六七十年代开始，以发电机技术为代表的科技革命推动人类进入了电气时代；从20世纪四五十年代开始，以电子计算机、网络技术为代表的第三次科技革命将人类带入了信息时代。可见，技术革命引发了产业革命，每一次科技革命都推动了社会生产力的空前发展。云计算、物联网、大数据等足以改变全球经济社会发展及人类生产方式的颠覆性技术不断涌现，引发了广泛用于语言服务各层面的翻译技术的迅猛发展，对传统手工翻译模式产生了巨大冲击，其中计算机辅助翻译技术（Computer Aided Translation，简称CAT）就是典型代表。

第一节　计算机辅助翻译的基本概念

一、什么是计算机辅助翻译

计算机辅助翻译有不少相似的概念，如计算机翻译、电脑翻译、机械翻译、自动翻译、机器翻译、机器辅助翻译、电脑辅助翻译、人工辅助翻译等，极易混淆。实际上这些概念可以简单地分为两类：一是纯粹的自动化的机器翻译；二是计算机辅助的人工翻译。为厘清计算机辅助翻译的概念，国内外不少学者都对此进行了研究。

（一）国外学者的观点

Bowker（2002）认为，机器翻译（Machine Translation，简称MT）与

CAT的主要区别在于谁是翻译过程的主导者，前者是计算机，而后者是人工译员，他们利用各类计算机化工具辅助翻译，提高翻译效率。她认为，广义CAT技术指译员在翻译过程中用到的一切计算机化工具，如文字处理器、文法检查程序及互联网等。

Quah（2006）对CAT有三点认识：一是CAT翻译研究及本地化领域术语，CAT工具开发者习惯将其称为“机器辅助翻译”（Machine-aided Translation）；二是人助机译（Human-assisted Machine Translation，简称HAMT）与机助人译（Machine-assisted Human Translation，简称MAHT）并无明显界限，均属CAT范畴；三是他认为CAT应包括翻译工具、语言工具，以及如翻译记忆系统、电子词典和语料库检索工具等。

Austermuhl（2006）提出了扩展的CAT工具及分类法。CAT工具不仅涵盖从拼写检查工具到机器翻译系统、从文字处理软件到术语库、从电子百科全书到在线词典、从HTML编辑器到软件本地化工具，还包括电子报纸存档、视频会议、绘图软件、翻译记忆、电子杂志等。CAT工具分类法有三种，即20世纪80年代早期Alan Melby提出的功能分类法（Functional Approach）、翻译工具自动化程度（Degree of Automation）分类法及过程导向型分类法（Process-oriented Approach）。

功能分类法将翻译工具分为三层：第一层包括文本处理、远程通信软件、术语管理系统等；第二层包括文本分析、自动查词、双语文本检索等；第三层为机器翻译。

自动化程度分类法将翻译工具由高到低分为全自动高质量机器翻译、人助机译、机助人译、纯人工翻译四类，其中人助机译及机助人译均属CAT范畴。

过程导向型分类方法将翻译涉及的语言、文化过程从源文本到目标文本分为接受、转换、形成三个阶段，如接受阶段主要涉及术语库、接受词典、电子百科、知识库、术语提取等，形成阶段主要涉及术语、产出词典、电子文档、数字语料库、文件管理等。

（二）国内学者的观点

陈善伟认为，翻译技术是翻译研究的分支学科，专门研究翻译计算机化的相关内容和技巧。

徐彬等人（2007）认为，CAT工具有广义、狭义之分。狭义CAT工具专指为提高翻译效率、优化翻译流程而设计的专门计算机辅助翻译软件，如翻译记忆软件等；广义CAT工具包括所有服务于翻译的软硬件工具，如常用文字处理软件、光学字符识别（OCR）软件、电子词典、电子百科全书、搜索引擎及桌面搜索等。

苏明阳（2007）认为，将使用翻译记忆的辅助翻译系统笼统地称为 CAT 系统较偏颇，广义 CAT 工具还应包括电子词典、对齐工具、术语管理系统及平行语料库等，有时还应包括机器翻译。

陈群秀（2007）认为，智能化 CAT 系统至少应包括译前编辑、译后编辑、翻译记忆和检索、基于实例模式翻译及项目工程管理等功能。

俞敬松、王华树（2010）从宏观角度认为，CAT 应包括语言服务项目执行过程的信息环境与信息技术、网络搜索与电子资源、主流翻译辅助工具和本地化翻译、项目管理系统、辅助写作及校对工具、机器翻译、语料库与翻译、语言资产管理、网络化团队协同翻译等多方面内容。

钱多秀（2011）认为，CAT 由 MT 或计算机翻译发展而来，也可称为机器辅助翻译（MAT）。主流 CAT 工具的核心技术是翻译记忆，并与附带或独立的术语管理、翻译对齐及翻译流程管理工具结合使用，以优化翻译流程。

张霄军等人（2013）区分了广义、狭义 CAT，认为广义 CAT 指一切在语言、翻译文化交流中提高效率的电子工具，狭义 CAT 指利用翻译记忆技术提高翻译工作效率的系统。

CAT 涉及面极宽，构成复杂且易混淆。虽然多数学者区分了广义、狭义 CAT 概念，但鉴于各人理解差异，不妨采用“翻译技术”这一更宽泛的概念，即语言交流、文化传播过程中应用到的信息技术。若将翻译实践过程分为译前、译中、译后三个阶段，翻译技术则指各阶段所用的信息技术，如译前的文档编码格式转换、术语提取、双语对齐技术、重复片段抽取技术、机器预翻译技术等，译中的辅助拼写、辅助输入、电子词典和平行语料库查询及验证、翻译记忆匹配、术语识别，译后的质量保证（Quality Assurance，简称 QA）检查、翻译格式转换、双语或多语排版、翻译产品功能和语言测试等。表 8-1 列出了上述容易混淆的中英文相关概念。

表 8-1　与 CAT 相关的易混淆概念

英文缩写	英文全称	汉语释义
HT	Human Translation	人工翻译
AT	Automatic Translation	自动翻译
MT	Machine Translation	机器翻译

续 表

英文缩写	英文全称	汉语释义
MT	Mechanical Translation	机械翻译
CT	Computer Translation	计算机翻译
MAT	Machine-aided/-assisted Translation	机器辅助翻译（同 CAT）
CAT	Computer-aided/-assisted Translation	计算机辅助翻译
MAHT	Machine-aided/-assisted Human Translation	机器辅助的人工翻译（机助人译）
HAMT	Human-aided/-assisted Machine Translation	人工辅助的机器翻译（人助机译）
MTM	Machine Translation+Translation Memory	机器翻译＋翻译记忆
IPMT	Interactive Predictive Machine Translation	交互预测式机器翻译
FAHQMT	Fully Automatic High Quality Machine Translation	全自动高质量机器翻译

二、什么是机器翻译

（一）机器翻译定义及沿革

机器翻译（Machine Translation，简称 MT）是一门建立在语言学、数学和计算机技术这三门学科的基础之上，用计算机把一种语言（源语言，Source Language）翻译成另一种语言（目标语言，Target Language）的学科和技术。

机器翻译兴起于 20 世纪 50 年代初。1946 年世界上第一台计算机 ENIAC 诞生以后，英国工程师 A. D. Booth 和美国洛克菲勒基金会①副总裁 Weaver 提出了利用计算机进行机器翻译的设想。1949 年 Weaver 发表了以“Translation”为题目的备忘录，正式提出机器翻译问题。在这份备忘录中，他提出了下面两个重要的基本观点。

第一，他认为翻译类似于解读密码的过程。他说：“当我阅读一篇用汉语写的文章时，我可以说，这篇文章实际上是用英语写的，只不过它是用另外一种奇怪的符号编了码而已，当我在阅读时，我是在进行解码。”在这段话中，

① 洛克菲勒基金会最初设立于 1904 年，当时叫作公共教育基金，成立于 1910 年。

Weaver 首先提出了用解读密码的方法进行机器翻译的想法，这种想法成为噪声信道理论的滥觞。值得注意的是，这是文献中关于统计机器翻译思想的最早论述，只是由于当时缺乏高性能的计算机和联机语料，采用基于统计的机器翻译在技术上还不成熟。Weaver 的这种方法在当时是难以付诸实践的。

第二，他认为原文与译文说的是同样的事情。因此，当把语言 A 翻译成语言 B 时，就意味着，语言 A 经过某一“通用语言”或“中间语言”，转换为语言 B，这种“通用语言”或“中间语言”可以假定是全人类共同的。

（二）机器翻译的发展

从世界上第一台计算机诞生开始，人们对机器翻译的研究和探索就从未终止。在过去的 50 多年中，机器翻译研究大约经历了热潮、低潮和发展三个不同的历史时期。

一般认为，从美国乔治敦大学进行的第一个机器翻译实验开始，到 1966 年美国科学院发表 ALPAC 报告的 10 多年里，机器翻译研究在世界范围内一直处于不断升温的热潮时期。在机器翻译研究的驱使下，计算语言学这门新兴的学科诞生了。

1966 年美国 ALPAC 科学院报告给蓬勃兴起的机器翻译研究当头泼了一盆冷水。机器翻译研究由此进入了一个萎靡不振的低潮时期。但是，机器翻译的研究并没有停止。自 20 世纪 70 年代中期以后，一系列机器翻译研究的新成果和新计划为这一领域的再次兴起点亮了希望之灯。

1976 年加拿大蒙特利尔[①]大学与加拿大联邦政府翻译局联合开发的实用机器翻译系统 TAUM-METEO 正式投入使用，为电视、报纸等提供天气预报资料翻译；1978 年欧共体提出多语言机器翻译计划；1982 年日本在研究第五代机器的同时，提出了亚洲多语言机器翻译计划 ODA。由此，机器翻译研究在世界范围内复苏，并蓬勃发展起来。

尤其是逐渐进入移动互联网时代，一方面，随着计算机网络技术的快速发展，如 4G/5G 网络的普及，人们要求用计算机实现语言翻译的愿望越来越强烈，而且除了文本翻译以外，人们还迫切需要可以直接实现使用不同语言的说话人之间的对话翻译，加之跨境电商的迅速发展，机器翻译的市场需求越来越大；另一方面，自 1990 年统计机器翻译模型提出以来，基于大规模语料库的统计

---

① 蒙特利尔，又称满地可，位于加拿大魁北克省西南部圣劳伦斯河中的蒙特利尔岛及周边小岛上，是加拿大魁北克省的经济中心和主要港口，也是该省面积最大的城市。

翻译方法迅速发展，取得了一系列令人瞩目的成果，机器翻译再次成为人们关注的热门研究课题。

需要提及的是，虽然机器翻译研究可谓全面开花，人们对高质量机器翻译需求日益迫切，但机器翻译的技术水平离“译文直接可用”这一目标还很遥远。有兴趣的读者可以参阅有关文献，以进一步了解机器翻译的发展过程和问题分析。

（三）机器翻译方法

在机器翻译研究的历史上，我们大致可以将机器翻译方法分为如下四类：直接转换法、基于规则的转换翻译方法、基于中间语言的翻译方法、基于语料库的翻译方法。

其中，基于语料库的翻译方法又可以分为基于记忆的翻译方法、基于实例的翻译方法、统计翻译方法和神经网络翻译方法。在机器翻译研究的初期，人们一般采用直接转换的方法，从源语言句子的表层出发，将单词或者词组、短语甚至句子直接置换成目标语言译文，有时进行一些简单的词序调整。在这种翻译方法中，对原文句子的分析仅仅满足于译文生成的需要。其代表系统是法国格勒诺布尔（Gremoble）原医科大学（现为格勒诺尔大学）信息与应用数学研究院（MAG）机器翻译研究组（GETA）开发的 ARIANE 翻译系统。基于规则的翻译方法的优点在于可以较好地保持原文结构，产生的译文结构与原文结构关系密切，尤其对于语言现象已知或者句法结构规范的源语言句子具有较强的处理能力和较好的翻译效果；主要不足是分析规则由人工编写，工作量大。

另外一种翻译方法是基于中间语言的翻译。该方法首先将源语言句子分析成一种与具体语种无关的通用语言或者中间语言，然后根据中间语言生成相应的目标语言。整个翻译过程包括两个独立的阶段：从源语言到中间语言的转换阶段和从中间语言到目标语言的生成阶段。对于每一种语言来说，只需要考虑该语言本身的解析和生成两个方面，大大地减少了系统实现的工作量。但是，定义和设计中间语言的表达方式并不是一件容易的事情，中间语言在语义表达的准确性、完备性和领域可移植性等方面都面临很多困难。因此，基于中间语言的翻译方法在具体实现时受到了很大限制。国际先进语音翻译研究联盟曾经采用的中间转换格式（Interchange Format，简称 IF）和日本联合大学提出的通用网络语言（Universal Networking Language）是两种典型的中间语言。

自 20 世纪 80 年代末期以来，语料库技术和统计机器学习方法在机器翻译研究中的广泛应用，打破了长期以来分析方法统一天下的僵局。机器翻译研究进入了一个新纪元，一批基于语料库的机器翻译（Corpus-based Machine

Translation）方法相继问世，并得到快速发展，包括基于记忆的翻译方法、基于实例的翻译方法、神经网络翻译方法和统计翻译方法。其中，统计翻译方法独领风骚，是机器翻译科研与应用的主要关注点。

基于记忆的翻译方法（Memory-based Machine Translation）假设人类进行翻译时是根据以往的翻译经验进行的，不需要对句子进行语言学上的深层分析，翻译时只需要将句子分成适当的片段，然后将每一个片段与已知的例子进行类比，找到最相似的句子或者片段所对应的目标语言句子或者片段作为翻译结果，最后将这些目标语言片段组合成一个完整的句子。与基于记忆的翻译方法类似，用神经网络翻译方法（Neural Network Machine Translation，简称 NNMT）也可以实现从源语言句子到目标语言句子的映射，其网络模型可以经语料库训练得到。

基于实例的翻译方法（Example-based Machine Translation，简称 EBMT）由日本著名学者长尾真于 20 世纪 80 年代初期提出，但真正实现于 20 世纪 80 年代末期。该方法需要对已知语料进行词法、句法甚至语义等的分析，建立实例库用以存放翻译实例。系统在执行翻译过程时，首先对翻译句子进行适当的预处理，其次将其与实例库中的翻译实例进行相似性分析，最后根据找到的相似实例的译文得到翻译句子的译文。基于实例的翻译方法借鉴了类比的原理，其基本结构如图 8–1 所示。

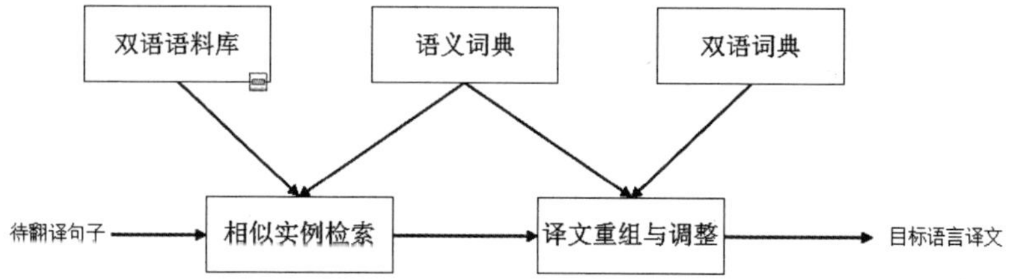

图 8–1 基于实例的机器翻译方法基本结构图

统计翻译方法（Statistical Machine Translation，简称 SMT）是基于噪声信道模型建立起来的，是主流方法。该方法认为，一种语言的句子 T 由于经过一个噪声信道而发生变形，从而在信道的另一端呈现为另一种语言的句子 S。翻译问题实际上就是如何根据观察到的句子 S，恢复最有可能的输入句子 T。这种观点认为，任何一种语言的任何一个句子都有可能是另外一种语言的某个句子的译文，只是可能性大小不同罢了。

为了结合各机器翻译方法各自的优势，使其优势互补，机器翻译领域的学者做了诸多尝试，取得了不错的研究成果。比如：Phillip Koehn 提出了 XML 标记法；中国科学院自动化研究所的汪昆提出了融合翻译记忆的统计翻译方法，取得了更好的翻译性能。随着深度学习的迅速发展，深度神经网络同样被引入统计机器翻译的研究中。

在机器翻译系统实现过程中，一般会在选用上述一种机器翻译方法的基础上（如统计翻译方法），采用多种方法并举的混合策略，以期最大限度地提高机器翻译系统的性能。

（四）机器翻译应用

机器翻译方法具有很多优势，如开发速度快、周期短、无须人工干预等，在特定领域训练数据充分的情况下译文虽不完美，但也能够达到可理解的水平。因此，进入 21 世纪后，机器翻译研究发展非常迅速，尤其随着大数据和云计算技术的快速发展，机器翻译系统已经走进了人们的日常生活，并在很多特定领域为满足各种社会需求发挥了重要作用。

Google、Microsoft 与国内的百度、有道等互联网公司都为用户提供了免费的在线多语言翻译系统。Google 主要关注以英语为中心的多语言翻译；百度则同时关注以英语和汉语为中心的多语言翻译；实时语音翻译系统也纷纷出现，如中国科学院自动化研究所的紫冬口译，以及 IBM、Google 推出的产品等。不可否认，机器翻译已经影响了我们的生活。在日常生活中，机器翻译主要应用于以下三种场景：信息吸收、信息交流和信息存取。

（1）信息吸收。为“不求准确，只求大意”的用户提供翻译服务，该类系统随互联网推广得以迅速发展。一个完全不懂外语的人也可大致看懂外语网页内容，对用户吸引力极强，如国内的“看世界”网站。

（2）信息交流。为一对一交流用户提供翻译服务，分口语、文字翻译系统两类。受语音技术限制，口语翻译系统只限于旅馆预订、机票查询等小词汇集和非常受限的领域。文字翻译系统适用范围更广，如旅游翻译、电子邮件翻译、在线聊天（Online Chatting）翻译等，其特点是翻译内容以口语为主，表达比较随意；大多面向特定领域；翻译实时性要求更高；人机交互更复杂等。

（3）信息存取。为多语言环境下信息检索、信息提取、文本摘要、数据库操作等目的提供嵌入式机译系统。该类系统随互联网迅速发展，如跨语言信息检索，已成为信息检索领域的重要课题。

在专业应用领域，从项目运作实践来看，机器翻译缓解了项目体量巨大、周期有限、人员紧张的窘境，只需少量服务费，且译文趋向标准化，可以作为弹性翻译质量要求的第二选择。为尽可能提高准确率，一是采用受限语言，即机译在严格受限领域内可达到极高质量，如加拿大 TAUM-METEO 天气预报英法翻译系统，又如采用受限语言的产品说明书不仅确保原文浅显易懂，又大大降低了机译难度；二是机助人译，如采用翻译记忆（Translation Memory，简称 TM）技术的 CAT 系统，又称翻译工作站（Translation Workbench）。此类产品已相当成熟，形成了较大产业规模，得到了专业机构认可。Asia Online、SDL Language Weaver、SYSTRAN，以及国内的华健、格微等翻译公司已经连续多年向企业和政府提供翻译服务。国内的很多科研单位，如中国科学院自动化研究所和中国科学院计算技术研究所开发的以外汉翻译为重点的多语言机器翻译系统，已经在国家多个特定部门获得实际应用。

在绝大多数情形下，机器翻译系统提供的译文只是帮助用户理解原文的大致意思，不可能成为直接出版的流畅译文。要得到完全正确、流利的译文，还需要专业译员的修饰和编辑。为了提高专业译员的翻译效率，很多研究机构和公司致力于拉近机器翻译与专业译员的距离，为专业译员提供质量上乘的机器翻译候选结果。例如国际翻译服务提供商 TAUS 向专业译员提供的翻译工具中，统计机器翻译系统 Moses 是其中的核心模块。从实际情况来看，机器翻译技术用于专业领域翻译的时机已趋于成熟。

第二节　计算机辅助翻译技术与工具

鉴于机器翻译存在语种或领域受限、记忆库或术语库挂接缺陷、项目管理效率低下等问题，又鉴于尚无一款机器翻译系统能在无人工干预状态下满足用户所有翻译需求的现状，计算机辅助翻译成为主流。其不依赖计算机自动翻译，全程需要人工参与，但借助翻译流程自动化，与相同质量的人工翻译相比，CAT 翻译效率可提高一倍以上。

一、基本原理及流程

（一）基本原理

翻译记忆技术是狭义 CAT 工具的核心技术，其技术主张是“做过的事无须再做”。译员工作时，系统在后台建立翻译记忆库（Translation Memory，简称 TM，下称“记忆库”）这一语言数据库。每当原文出现相同或相近词句时，系统会提示用户使用记忆库中的最接近译法，因而译员可以根据需要采用、舍弃或编辑重复出现的文本。

记忆库程序可执行搜索，支持文件格式转换。译前由转换器分析源文件，通过 SRX（Segmentation Rule eXchange）切分规则将文本切分为段落。记忆库程序通常内置跨语言搜索引擎，可自动为每个文本段搜索匹配条目，匹配级别范围通常为 35%～100%。

翻译记忆技术决定了 CAT 工具主要适用于有重复或重复率较高的科技、新闻、法律、机械、医学等非文学翻译领域，能帮助译员节省大量时间，免去重复劳动，提高翻译质量，但对小说、戏剧、诗歌等强调文学性、多样化的文本类型不太适用。

（二）工作流程

CAT 工作流程可分为译前、译中、译后三个阶段，如图 8-2 所示。

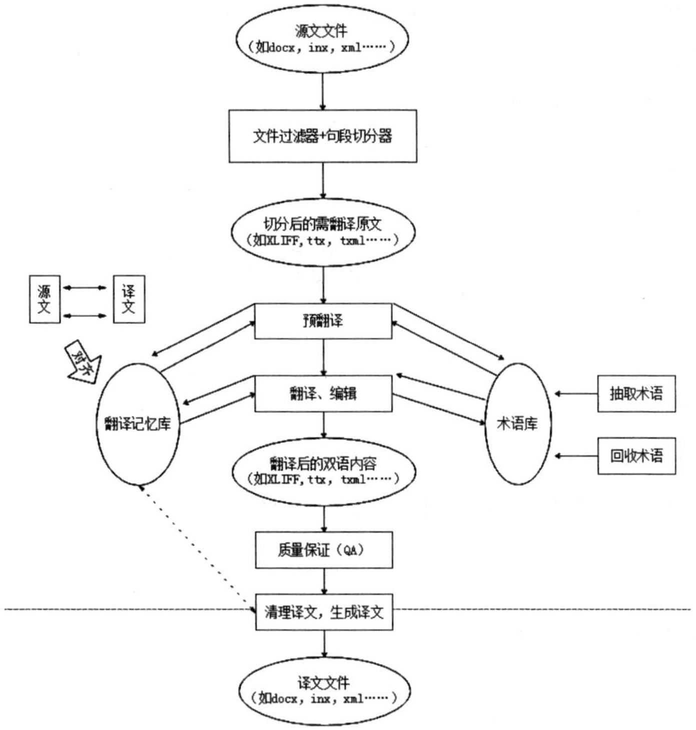

图 8-2　CAT 工具工作流程

（1）译前。译前主要有三项准备工作：一是对各类型源文件进行格式过滤及句段切分；二是原文及已有译文的对齐及记忆库建立；三是从原文中抽取、翻译术语并建立双语或多语术语库为预翻译、编辑做好准备。实际项目中还涉及字数统计计费及语言服务协议签订与履约等。

（2）译中。译中主要是在记忆库、术语库的辅助下进行预翻译，确定匹配率及实际翻译工作量，并确保译文风格统一、表述正确。

（3）译后。译后主要完成质量保证（Quality Assurance）、桌面排版（Desktop Publishing，简称 DTP）、语料回收与管理工作，确保最终产品符合用户要求及双方协议约定。实际项目中还涉及语言资产管理、反馈与总结等。

以上描述了 CAT 工具操作的一般流程，实际操作中要根据项目类别、成本核算、处理难度、项目周期等调整各细分环节及岗位，还要考虑软件故障、系统崩溃、信息源丢失或损毁、国家政策、市场调控、译员处理失当或丧失工作能力、不可抗力等因素，导致项目终止、违约等可能造成的客户方、服务方损失，特殊情况下还需考虑保密等。

二、主要技术

（一）解析器

记忆库内嵌文件格式解析器，可将原始文件从专有格式转换为翻译工具可读格式。绝大多数翻译工具均内置了解析器，可直接处理 .html、.sgml、.xml、.rc、.rtf 等主流文件格式。CAT 工具不同，文件解析法也不同。比如 SDL Trados Studio、Wordfast、Déjà Vu 等专门开发了 XML 格式解析器，指定了该文件结构，规定了如何处理 XML 相关元素（Element），如何划分可译或不可译，并用符号标示出来。图 8–3 展示了包含待译文本字体、字号、页面位置的 XML 源代码。

```
<div class="body-wrapper">
<div class="before-content">
<div class="secondsknow-large-container J-secondsknow-large-container">
<div class="secondsknow-large-gradient"></div>
<div class="secondsknow-large">
<div class="sl-slogen"></div>
<div class="sl-player">
<div class="sl-player__main">
<div class="sl-player-initial-cover J-sl-player-initial-cover">
<div class="sl-player-initial-cover__play">
<em class="cmn-icon wiki-lemma-icons wiki-lemma-icons_play sl-player-initial-cover__play__icon"></em>
</div>
</div>
<div class="sl-player-el" id="sl-player-el"></div>
</div>
<div class="sl-player__list J-sl-player__list">
<div class="sl-player__list__title">
<div class="sl-player__list__title__relative J-sl-player-title sl-player-title--active">相关视频</div>
```

图 8–3　包含待译文本的 XML 源代码

为保护标题、段落标记、表格、文本格式等格式，CAT 工具通常将其表述为标记符号。译者翻译时只需保持标记相对位置即可。此外，主流 CAT 工具都允许功能定制，并可从其他文件类型设置、架构文件及 .xml 文件导入解析器规则以解析非标准文件格式，如图 8–4 所示。SDL Trados Studio 2014 解析、.xliff、.html5 等文件，可直接解析网页文字，隐藏无须翻译的 HTML 代码，只抽取需翻译的文字。

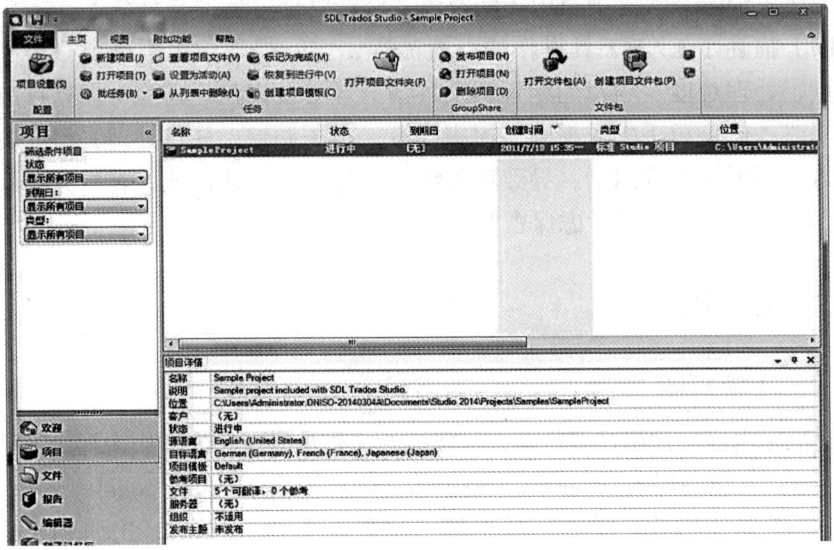

图 8–4　SDL Trados Studio XML 解析规则

（二）完全匹配与模糊匹配

判定记忆库中已有句段与待译句段的匹配度有两种结果，即完全匹配（Perfect Match）和模糊匹配（Fuzzy Match）。完全匹配指更新的源文件与相应的旧双语文档集（非记忆库）翻译单位在拼写、标点符号、句型变化上完全相同。TM 系统在执行查找时，会将当前源文档句段与记忆库中相同语言的句段相比较，并用百分比表示源文档句段与记忆库句段间的匹配度，若显示 100% 即完全匹配，若显示 CM 即在完全匹配的基础上二者上下文相同，也即上下文匹配。

虽然 1%～99% 的匹配率理论上均称为模糊匹配，但必然存在一个分界点，使得低于该点时翻译无足够可用内容。该分界点被称为“模糊匹配阈值”，且可自行设置，如设匹配度为60%，说明只显示匹配度≥60%的句段。鉴于匹配度过低可能干扰译者翻译思维，译者需合理设置匹配阈值，或直接采用或局部调整，从而专注于新内容的翻译。

（三）上下文匹配

上下文匹配（Context Match，简称 CM）考虑了翻译单元的上下文情况，除达到100%匹配外，两个句段的上下文必须相同（即其前一句段必须相同）。向记忆库添加新翻译时，实际上添加了源文档句段、句段翻译及源文档句段前的句段共三个句段，若无前一句段（如文档标题），则上传其他上下文信息。

（四）相关搜索

要在记忆库中搜索特殊词汇、词组、短语及其所在翻译单元，可使用相关搜索（Concordance）功能，句段中符合搜索值的部分通常高亮显示（如黄色）。要启动目标语言相关搜索，需在创建项目时启用“基于字符相关搜索”项，随后在相关搜索窗口中输入、粘贴文本，单击“搜索原文”或“搜索译文”即可。

当句段匹配率较低时，通过输入单词、短语或片段来搜索记忆库中是否存在可供参考的翻译资源，以便译者利用或了解背景知识。这是相关搜索的最常用功能，适用于几乎所有 CAT 工具。

三、主要标准

CAT 工具执行的常用标准涉及翻译记忆库、术语库、断句规则、本地化等领域，以及同一领域中不同服务提供商间各子库、子集的交换，常见的有翻译记忆交换标准（Translation Memory eXchange，简称 TMX）、术语库交换标准（Term Base eXchange，简称 TBX）、断句规则交换标准、本地化交换文档格式标准（XML Localization Interchange File Format，简称 XLIFF）等。[①] 限于篇幅，各标准语言元素及示例均不做阐述。

① LISA 制定了本地化五大标准，其中，全球信息管理度量交换标准（GMX）及术语库交换链接标准（TBX Link）未被列入。

（一）翻译记忆交换标准

翻译记忆交换标准（TMX）是由本地化行业标准协会（LISA）所属的OSCAR组织[①]于1998年发布的一种独立于各个厂商的开放式XML标准，用于存储和交换使用计算机辅助翻译和本地化工具创建的译文记忆数据，旨在促进各CAT、本地化工具间翻译数据的交换。全球超过20万用户正从遵守TMX标准的TM文件中实现数据的便捷交换。鉴于TMX认证已成为产品技术的领先标志，能获得更大的市场和更多的用户，且TMX能帮助译员、翻译机构、需要本地化的公司在一定程度上独立于工具厂商，因此本地化开发商纷纷推出TMX认证工具。

TMX的最新版是OSCAR组织于2004年10月发布的1.4b，更新了数据格式，增加了新特性。

OSCAR组织的行业调查结果显示，翻译记忆资源已经成为本地化或全球化服务机构不断增加的战略性资产，在某种程度上已高达百万美元的价值，在数以亿计的国际商务中发挥着重要作用。TMX标准提供了保值这些公司资产的功能，使它们不会因市场和技术的更新而造成损失，而且不受特定计算机辅助翻译工具的束缚。

（二）术语库交换标准

鉴于TMX在管理数据方面存在存储片段过大的缺陷，2002年4月，OSCAR组织推出基于ISO术语数据表示的XML标准术语库交换标准（TBX），方便用户在不同格式的术语库间交换数据，极大促进了术语管理全周期内公司内外的数据处理，且普通用户也可便捷访问大型公司公开的术语库内容。

（三）断句规则交换标准

为解决本地化工具判别最小独立单元（断句）的规则不一问题，确保源语与目标语的语言正确、唯一，并在不同CAT工具间可互换和复用，2004年4月，OSCAR组织推出了基于XML的断句规则交换标准（SRX）。

（四）本地化交换文档格式标准

为提高多格式文件处理效率，打破软件数据交换瓶颈，增强软件版本控

---

① 即形式或内容再利用开放标准（Open Standards for Container/Content Allowing Reuse），此机构主要职责是持续改进标准特征内容，组织TMX认证，授权TMX标识，推广本地化和全球化行业的TMX应用。

制，特别是提高本地化参与者的竞争力，2000 年 10 月，Oracle、Novell、Sun、IBM 等公司在原有松散数据定义组（Data Definition Group）的基础上组织起草了 XML 本地化交换文件格式标准（XML Localization Interchange File Format，简称 XLIFF）。随着 Alchemy Software、Moravia IT、RWS Group、Lionbridge 等公司陆续加入标准起草，2002 年，该规范由结构化信息标准促进组织（Organization for the Advancement of Structured Information Standards，简称 OASIS）正式发布。

从本地化实际来看，简易的 XLIFF 标准只包括存放原始文本的 source 元素及填充译文的 target 元素，两组元素构成了一个翻译单元。该标准从繁杂的文件格式中分离出待本地化文本。同一源文件可使用不同工具进行本地化处理，且该过程中可添加注释文字，存储有助于本地化处理的数据信息，实现了本地化数据交换格式从定制向统一的转变。

四、CAT 工具的五大作用

随着翻译技术突飞猛进，翻译工具功能不断改善，特别是在追求效率的产业化时代，CAT 技术在现代翻译工作中的作用日益凸显，可总结为复用语言资产、控制翻译质量、简化翻译格式、辅助翻译协作和辅助翻译管理五项。

（一）复用语言资产

CAT 工具可自动识别翻译过程中的重复内容并写入译文对应区域。这在翻译产品文档、客户指南等含有大量重复内容的文本时可极大地节约时间。以下是两个案例。

案例一：记忆库从原有翻译数据库中提供“100％匹配”或“1％～99％模糊匹配”的数据帮助译者翻译，用其他颜色标记不完全匹配内容，且自动替换数字、日期、网址等实现完全匹配。

案例二：SDL Trados WinAlign 等语料对齐技术可批量回收双语语料，且配对后的平行语料导入记忆库后，当遇到相关文本时可调用原译，复用语言资产，节省翻译时间与成本。

鉴于同类项目中记忆库存储内容越多，后续内容翻译速度会越快，且超过 90％的全球翻译业务属技术、商务等非文学翻译，CAT 工具应用会有广阔的空间。

（二）控制翻译质量

各类语言服务提供商（LSP）已深刻认识到翻译质量控制与翻译成本呈正相关，而CAT技术能通过拼写、语法、数字、单位、日期、缩略语、标签及多种格式的自动检查等实现翻译质检的高度自动化。以要求日校对30种语言、1000页文字的大工作量项目为例，完全人工校对的时间、人员成本令人生畏，而利用SDL Trados QA Checker、QA Distiller等自动校对工具可在很短时间内完成该项目的质量检查。上述工具通过如下四种途径大幅提高译文质量：

（1）外部审校。多数CAT工具可将待审阅文档导出为源语—目标语对照格式，以常见文本格式保存。译审只需具备计算机基本操作技能即可快速进入校阅流程，且审定稿可再导入CAT项目文件。

（2）术语统一。术语是译文质量的关键。加载术语库能轻松保持同一篇文章或同项目中的术语一致性。

（3）实时预览。该功能即“所见即所得”，实现了审核与翻译同步，提高了项目整体进度。

（4）文体统一。多数CAT工具可通过相同或类似句段采用相同或类似译文的方式协助译者保持译文风格一致，并筛选出风格明显有别的译文供修改。鉴于专业笔译通常涉及协作，如何确保译文风格犹出自一人之手尤为关键，而CAT工具可借助记忆库较好地解决这一问题。

（三）简化翻译格式

在传统翻译模式下，处理分栏、文本框、页眉页脚、脚注等复杂格式，以及.indd、.fm、.pdf、.html等文件格式转换极为耗时。以下是两个案例及CAT解决方案。

案例一：传统方式翻译图文混排的PPT文件通常先删除原文后键入译文，编辑、排版极为耗时。而SDL Trados Studio处理该文件会自动提取原文字，在软件原文区呈现按单元排布的切分后短句，译文字体、字号基本与原文一致，以紫色标签标注原文特殊格式，只需按顺序插入译文对应位置即可，还能智能录入如时间、数字、网址、单位等非译元素，减少了译员劳动量。

案例二：SDL Passolo、Alchemy Catalyst等本地化工具会自动解析软件、程序的可译元素，保留非译元素。译者只需翻译可译元素，既不破坏源程序，也无须重新编译。翻译完成后可直接导出原文格式文件，无须转换文档类型，减少了译员非生产性工作时间。

（四）辅助翻译协作

CAT 工具打破了项目团队的时间、空间界限。多数现代 TM 系统不仅能实现个体译者的术语一致，还能实现大型团队、翻译机构的术语一致，做到无论何时何地，均能共享一份术语表。

现代项目运作需要重点解决术语及译文风格一致的问题。科技、法律、金融等术语密集文本对一致性要求极严。为防止由此导致的返稿或失败，译员可利用 C/S 或 B/S 架构的协同 CAT 系统，有力保障译文、术语的一致性。以下是两个案例。

案例一：以 Lingotek、Wordfast Anywhere、XTM 等在线 CAT 系统为例，虽然译员分配任务不同，但各子任务间联系紧密。译员 A 翻译了某句后添加至在线记忆库，其他译员在下文遇到该句时，TM 窗口会提供并直接采用译员 A 的译文。这种“同一内容唯一译文”的做法确保了内容的一致性。

案例二：记忆库、术语库可存储在网络服务器上，在协同处理断句规则及双语文档时即可实时共享、更新。为确保短周期、大容量项目保质、按时结项，可借助 CAT 工具实现翻译和审校同步，即译员译完某片段后，审校可后台校对，且译者和审校可及时沟通，不仅确保了译文质量，还极大提升了翻译效率。

（五）辅助翻译管理

翻译管理能力是现代语言服务行业中翻译从业人员的必备核心能力，直接影响翻译项目成败。非 CAT 环境下的字数分析和报价、重复率计算、工作量统计、文档合并拆分、流程管理与进度控制等任务极为耗时。借助 SDL Trados Studic 等 CAT 工具，可快速实现项目分析、重复率计算、文件切分、资源分配、项目打包、工作流程控制等功能，优化工作流程，提高译员翻译管理效率。

五、对待 CAT 技术的正确态度

针对 CAT 技术的负面评价有以下六个方面：

（1）语义理解。CAT 工具不具备人类的思维、推理、判断力，无法全面理解原文。

（2）文本切分。CAT 工具根据内置切分规则把待译文章切分为句子级别，翻译对象从篇章变成单个句子会割裂译文的整体性。

（3）记忆惰性。翻译记忆库可能限制译员思路，影响译者主观能动性和创造性的发挥。记忆库质量直接影响新译文产品的质量。

（4）能力退化。译者过度依赖 CAT 工具，可导致其翻译能力逐步退化。

（5）适用文体。CAT 主要用于科技翻译，不太适合文学翻译等。

（6）价格性能。对于普通用户来说，CAT 价格通常过高。

翻译是一种跨语言交际活动，要求译者既要提升自身翻译能力，又要看到翻译技术和工具的优势。一方面，CAT 工具对现代翻译仍是利远大于弊，要理性对待机辅工具，防止过度依赖或排斥；另一方面，无论技术如何发展，翻译工作永远也离不开人的创造性和主动性这一决定性因素。技术可能在某些方面提高翻译效率，但它不可能代替人的思维和判断。现代译者要做到人工与技术相结合，取长补短。技术发展既为译员提供了机会，也提出了挑战。译员要变被动为主动，学习新技术，掌握新技术。此外，国内翻译行业通过技术能更好地参与国际市场竞争，应对国际化带来的挑战，这对行业规范和标准化发展将产生积极影响。

第三节　计算机辅助翻译发展趋势

Amparo Alcina 对翻译技术发展的两大趋势做出如下论述：一是整合化趋势，各种功能和翻译的辅助性工具都整合到一个平台中；二是专业化趋势，出现专门针对多媒体翻译、法律与文学等文体翻译的专用软件和工具。信息技术、人工智能、自然语言处理等的发展，特别是计算机硬件承载能力持续增长，互联网技术、云计算深入发展，促使翻译技术突飞猛进，翻译系统功能不断改善，翻译行业生产力不断提高，智能化、语境化、可视化、集成化、网络协作化等特征越来越明显。可以预见，传统翻译生产方式将逐步被新技术的洪流淹没，以云计算为基础架构的云翻译系统将会闪亮登场。本节认为，CAT 的发展会呈现以下趋势：

一、日趋整合的 CAT 工具功能

不同业务的需求迫使翻译技术提供商逐渐整合不同的功能模块。CAT 工具的功能从最初基本的模糊匹配和编辑功能，发展到译中自动文本输入和自动拼写检查，到译后批量质量保证，再到翻译项目切分、项目打包、财务信息统计、过程监控、语言资产管理、即时通信、多引擎机器翻译等，功能越来越多，呈

现出整合趋势。如 Across、SDL Trados、XTM 等 CAT 工具不再局限于翻译本身，其功能涵盖技术写作、术语管理、文档管理、内容管理，以及翻译和产品发布等环节，体现了将翻译技术同翻译流程各环节整合的趋势。

二、日益提高的 CAT 可视化程度

维基百科[①]对可视化技术的定义是“所见即所得”，也即人们可在屏幕上直接看到即将打印到纸张上的效果，也称可视化操作。以 CAT 标签为例，它能隐藏待译文档格式信息，但格式越复杂，预览效果越差，甚至不能预览翻译结果，从而影响译者判断、翻译速度。翻译技术同计算机图形学、计算机视觉、计算机辅助设计等多领域不断融合，正朝着可视化翻译方向发展。例如在 Alchemy Catalyst、SDL Passolo 等类似翻译工具中，译者只需关注文本本身，并可在翻译的同时实时预览本地化翻译后的位图、菜单、对话框、字串表、版本信息等标准资源，及时发现可能的错误，如图 8-5 所示。未来，更多的技术提供商会将可视化翻译技术无缝整合到翻译流程中，从翻译过程到项目管理，从本地化工程到测试过程将实现全过程无阻力可视化，为翻译人员提供各种便利，全面优化翻译环节，节省成本，增强公司竞争力。

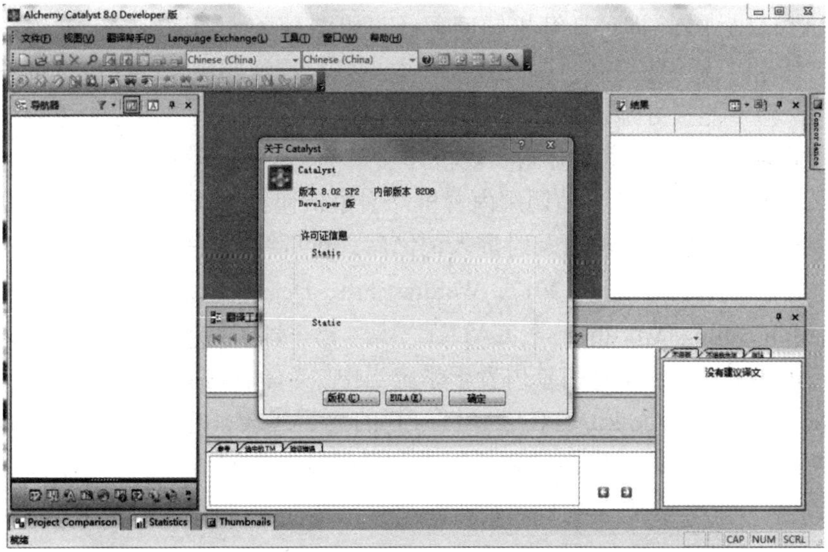

图 8-5　Alchemy Catalyst 8.0 软件界面可视化翻译

① 维基百科（Wikipedia）是一个基于维基技术的多语言百科全书协作计划，用多种语言编写的网络百科全书。

三、异军突起的开源 CAT 工具

市场需求变化必定导致对翻译工具需求的变化，如何在成本范围内提高效率就成为很多用户首先考虑的问题。随着开源社区蓬勃发展，人们越发关注开源 CAT 系统，如 Anaphraseus、Okapi、OmegaT、Translate Toolkit、Transolution、Virtaal 等一大批开源工具涌入翻译或本地化市场。由于其成本低、灵活可靠、安全性高，且无须许可证，自由和开放源码软件（Free and Open Source Software，FOSS）越来越受欢迎。此外，开源 CAT 系统具备商业 CAT 系统，兼容 TMX 标准、模糊匹配、术语管理等基本功能，且这些功能同封闭性商用 CAT 系统相比优势明显。

开源工具正在赶超商用 CAT 系统。2010 年，IBM 将多年来仅供公司内部使用的 TM/2 开源化，并改名为 OpenTM2，兼容标准 TMX 格式。2014 年 8 月，Heartsome 工具实现开源，进一步增强了开源翻译技术阵营，给自由译者提供了更多选择，很大程度上打破了昂贵商业 CAT 工具垄断的壁垒，将会促进翻译行业生产效率的提高。

四、广泛应用的 CAT+MT+PE 模式

CAT+MT+PE，即“计算机辅助翻译 + 机器翻译 + 译后编辑”的缩写。机译在信息化时代快速发展，在商业翻译中更是被广泛应用。机译虽然批量翻译速度快，但不能很好地理解自然语言，所以高质量翻译仍需要人来主导，且越来越多的 CAT 工具提供商开始实现机译引擎与 CAT 工具的整合。当记忆库中无匹配时，CAT 系统会自动调用内置机译引擎快速给出译文，译者再根据初始译文修改，确认后的内容可及时进入记忆库，供后续循环使用。

例如 SDL Trados Studio 2017、Wordfast Pro、Déjà Vu X2、memoQ 6、Fluency Translation Suite、Wordbee 等 CAT 工具已将 Google、Bing、Systran、Microsoft MT 等主流机译引擎内置于系统当中，为译者提供了非常有用的参考。Google Translator Toolkit 是 CAT+MT+PE 的典型代表，它不仅可用 Google 机译直接翻译，还支持翻译记忆和术语库，且译员上传的术语库可以干涉、改善机译结果。

五、迅猛发展的语音识别技术

运用语音识别技术可以根据声音指令创建、编辑、修订、保存翻译文档。

在未来的 Web 3.0 时代，语音识别和即时语音翻译技术将会获得极大发展。Siri、Vocre、Say Hi Translate、百度语音助手、搜狗语音助手、讯飞灵犀语音助手等智能语音翻译及应答系统如雨后春笋，迅速在移动应用市场蔓延，通过识别用户语音的要求、请求、命令或询问并正确响应，它们既能克服人工键盘输入速度慢、极易出错的缺点，又有利于缩短系统反应时间。例如在译员利用 Via Voice、Dragon Naturally Speaking、Express Dictate、FreeSpeech 等语音软件翻译文本初稿的同时，TM 系统可对具体词或短语进行匹配操作。

从商用领域来看，Microsoft、IBM、Philips、Motorola、Intel、L & H、Dragon Systems 等公司斥巨资研发相关产品，较成熟的系统有 IBM 的 Via Voice 和 Microsoft 的 SAPI。这些都是面向非特定人、大词汇量的连续语音识别系统，如经充分训练，Via Voice 识别率可达 93%。从日常生活来看，播客/唱吧和苹果的智能语音助手 Siri 是两大发明：前者或通过电话点播电视 MV 时只需歌手或歌名，电视终端就播放相应曲目，或组织多人飙歌时利用语音识别技术可比对用户演唱和原音旋律，继而给用户演唱打分；后者通过强大的后台语音分析技术，对多语种人声进行识别并智能答复。

以北京奥运会多语言信息服务系统为例。该系统包括多语言信息同步发布、信息查询和语音交互式电子商务，并重点提供关于地理位置的信息服务，此外还提供口语翻译机、自动翻译电话等人际交流辅助工具。该系统工作原理是首先由实时翻译机器将各类信息传递到语音应用平台，再以语音等方式向各种终端用户发布，为用户提供母语信息服务。

实践证明，该系统为奥运相关信息查询、公共服务信息查询及社交活动等提供了多语言智能信息服务，相当于建立了一支虚拟志愿者信息服务大军。这在奥运史上也是了不起的进步。2012 年 10 月，微软研究院主席瑞克·拉希德在“21 世纪的计算大会”上演示了即时英译汉口译系统，利用深层神经网络（Deep Neural Network）技术模拟人脑，可将英语口语译成中文口语，同时还能保留语调和节奏，翻译准确率达 80%～90%，成为智能语音翻译发展的新方向。随着人工智能技术、语音识别和自动翻译系统不断整合，人机交流会更自然，信息网络查询、医疗服务、银行服务等领域的智能语音翻译会成为现实。

六、日益强劲的云驱动力

在“互联网就是超级计算机”的思想下，大数据云计算技术迅速崛起，在语言服务领域主要体现为基于云的机器翻译、计算机辅助翻译及翻译管理系统，现分述如下。

（一）基于云的机器翻译

此类服务直接提供开放 Web 界面，让用户访问多个在线机器翻译引擎和词典引擎，甚至允许用户构建、修改个性化后台引擎知识库，不影响他人或权威译文，进而实现翻译资产云共享；其代表工具有 Google Translator Toolkit、Microsoft Bing、EU LetsMT 项目、Microsoft Translator Hub、Xcelerator KantanMT、Lionbridge GeoFluent、SDL BeGlobal 等；其提供的开放统一的应用编程接口（API）可与其他站点或应用整合，并与大数据语义信息和深层语言学知识二次融合，大幅提升机器翻译质量。

（二）基于云的计算机辅助翻译

传统 C/S 架构 CAT 工具长期存在投入大、维护费用高、更新复杂、容易盗版等问题，而把 CAT 应用系统统一部署在云服务器上，用户按需向开发商订购在线应用系统服务；其四大核心组件是云工作台、云记忆库、云术语库和云知识库；其代表工具有 CloudLingual、eMultiTrans、Lingotek、Memsource Cloud、 MEMOrg、Wordfast Anywhere、Translation Workspace、XTM Cloud 等。

（三）基于云的翻译管理系统

云计算服务托管可完成翻译项目（工作流程）管理、市场营销、成本核算、客户管理、译员管理、翻译数据处理（如文档编辑、格式转换等）、翻译记忆和术语管理、语料对齐等各种翻译管理功能；其专门性工具有 Memsource Cloud、Glosbe、IATE、YouAlign、TransSearch 等，通用性工具有 TeamOffice、Everydo、Appti-vo、Online Converter 等。这类系统数量众多、各具特色，是未来各中小型企业的“竞技场”，但分散、不安全、缺乏统合门户网站（portal）及统一评价标准等问题日益成为翻译管理的瓶颈。

TMS（Translation Management System）、CAT、MT 三结合的综合翻译管理云平台优势明显，它充分整合云管理服务提供商、商业服务平台和互联网，实现翻译管理云托管，其统一性、安全性得以充分保证，更好地保证翻译质量和效率，较典型的有 Wordbee、Cloudwords 公司的 OneTM、Lionbridge 公司的 Translation Workspace 等，其市场潜力相当可观。

在未来的 Web 3.0 时代，语音识别和即时语音翻译技术将极大发展，基于大数据语料及用户交互的智能机器翻译系统将登场。云计算和云服务将很快覆盖全球。云翻译技术的应用与普及将会极大提高行业生产效率。还有正在建设的智慧语联网，通过对资源、语言技术、社区及综合服务能力的有机整合，创造链接整个语言服务的云平台，可以满足语言服务产业链更高层面的需求。

现代翻译技术正以自己的方式“挑衅”着传统翻译世界。CAT 技术的问世与发展加快了翻译速度，优化了翻译流程，降低了翻译成本，提升了行业整体翻译生产率。在云计算和大数据驱动下，一场新语言技术革命浪潮已经来临，语言服务产业链经济结构和语言服务产业增长模式将会得到重塑。

第四节　翻译与本地化

一、本地化概念

翻译公司招聘启事中经常能看见“本地化”“本地化经验”“本地化工程师”和“本地化翻译”等名词，那么到底什么是“本地化”？

通俗地讲，本地化即改造、加工产品（或服务）使之满足特定人群、特定客户的特殊要求。比如微软产品依照当地文化和技术规范提供本地化，需要考虑货币、度量衡、法规、命名、地理、宗教甚至气候等因素；沃尔玛在中国运营的长久战略之一便是人才本地化，即雇用熟知当地文化、生活习惯的本地员工和管理人员。

学者和业界人士由于角色、观察角度、可用研究资源等不同，对本地化的定义各不相同。以下是代表学者及其对本地化的定义。

（1）Esselink（2003）：本地化是实现语言与技术结合，提供跨越文化与跨语言障碍的产品。

（2）Anthony Pym（2004，2005）：本地化是针对特定区域进行国际化文本的适应性处理，常没有明显的开始或结束；本地化文本处于动态更新之中，可理解为信息的跨文化文本适应，适用于软件、产品文档、网络技术和国际新闻服务。

（3）Schaler（2007）：本地化是为满足国外市场与多语言管理对数字产品或服务的需求而进行的语言与文化的适应活动。

（4）Lommel（2007）：本地化是调整产品或服务以满足不同市场需求的过程（这也是 LISA 官方对本地化的定义）。

（5）中国翻译协会（2011）：本地化是将一个产品按特定国家、地区或语言市场需要进行加工,使之满足特定市场用户对语言和文化特殊要求的生产活动。

由以上各学者对本地化的定义可知，本地化对象不仅是传统的翻译文本，通常还有数字化的产品或服务，如软件、在线帮助文档、网站、多媒体、电子游戏、移动应用等多元化内容或与之相关的服务。通过加工或调整，产品或服务可以满足特定市场用户对语言、文化、法律、政治等特殊要求。本地化可分解成软件编译、本地化翻译、本地化软件构建、本地化软件测试等系列工程技术活动，每项活动均需使用特定技术及工具，如编码分析、格式转换、标记处理、翻译、编译、测试、排版、管理等，由此最终实现产品或服务的“本地化”。本地化是经济全球化的结果。经济全球化和 IT 技术的深入发展会推动本地化的快速发展。

本地化产品已无处不在，已深入日常工作、生活和学习中，深入社会的各个方面。据统计，微软软件收入中，60%以上的销售额来自本地化产品；对软件本地化投入 1 美元，可换来 10 美元的收益。

本地化的作用主要有四方面：（1）满足特定语言市场在功能、法律、习俗等方面的需要；（2）尊重不同语言用户需求，展示开发商发展实力；（3）降低产品生产成本，提升综合竞争力；（4）拥有更多用户，拓展市场份额，实现业务全球化，获得更大的经济利益。

二、本地化与翻译

尽管本地化行业在国外至少已有十几年历史了，但国内的本地化发展仍处于起步阶段。很多人对本地化的概念并不清晰，还将其视为“高技术翻译”。实际上，本地化很复杂，涉及许多业务和技术问题，需要很多专门知识才能成功实现。本地化通常包括本地化翻译，即将用户界面、帮助文档和使用手册等载体上的文字从一种语言转换为另一种语言的过程。可见，本地化和翻译存在区别，这种区别有以下六个方面：

（1）翻译内容不同。传统翻译更多针对文档、手册，而本地化翻译涉及软件界面、网页互动内容、帮助文件、电子手册、多媒体等，不仅包括简单的内容翻译，还经常需要多种类型的文件格式转换。因此，为准确翻译，译员需要具备 IT 背景知识，理解产品使用功能。

（2）处理流程不同。传统翻译的处理流程主要是文字转换工作，工序相对简单，但翻译只是本地化业务的一个环节。本地化业务除翻译外，还包括文件准备与转换、译前处理、译后处理、本地化桌面排版和本地化测试，由此产生的业务收入也有差别——本地化公司的翻译业务收入通常只占其总营业额的一部分，每个公司比例略有差别；翻译公司的翻译收入通常占据较大比重，甚至就是其全部收入来源。

（3）使用工具不同。传统翻译很少或根本不用 CAT 工具。本地化在各流程还要配合使用多种软件和工具，如文字抽取还原、图形图像处理、音频视频编辑、工程编译工具等。本地化领域常见工具有 SDL Passolo、SDL Trados、Alchemy Catalyst、Scaleform、XLOC 等。

（4）报价方式不同。本地化按源语言计算字数，一般使用 CAT 工具（最常用的是 SDL Trados）来进行统计。CAT 工具可同时计算出文件中字数重复率，对于重复的字数，报价时给予相应折扣。翻译公司一般按中文字数计算。由于翻译公司往往是从其他语言翻译成中文，因此翻译公司一般是按目标语言计算字数，其计算方法基本是 Word 字数统计。这种方法的缺点是不能计算字数重复率，当文件中含有大量重复字数时（即使重复率达到 90%），仍按全新字数报价。

（5）翻译要求不同。为保证多语言版本和源语言版本同时发布，软件翻译过程经常与源语言版本的开发同步进行，以适应激烈竞争的软件市场和不断提高的软件质量要求。本地化翻译不仅是语言文字的转换，还要考虑目标市场和用户的文化、习俗、传统、法律、宗教等。本地化既属技术性行业，又属语言服务类行业，服务于众多行业，要求技术范围广，服务的客户是国际化企业，要求较高，要求从业人员兼备外语、IT 技术甚至商务和管理技能。

（6）客户群体不同。从客户分布和来源来看，传统翻译公司的客户大多数是国内公司，而本地化公司的客户绝大多数来自欧美等国外市场。本地化公司遵守本地化行业的国际规则、沟通惯例（如工作语言为英语，以 E-mail 沟通为主），具备规范的业务流程、完善的管理手段，实施严格的质量控制，应用先进的技术工具。

三、一般本地化流程

同传统翻译项目流程相比，本地化项目翻译流程相对复杂，项目不同，流程也有所差异。以软件本地化项目为例，本地化主要包括如下内容，如图 8–6 所示。

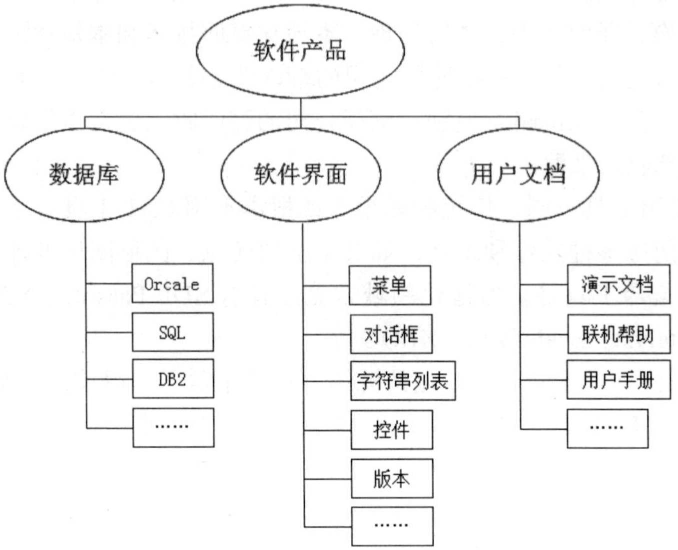

图 8-6　本地化的主要内容

Esselink（2000）提出的本地化流程是售前阶段→启动会议→源资料分析→制订计划和预算→术语准备→源资料准备→软件翻译→在线帮助和文档翻译→软件工程处理和测试→屏幕截图→帮助文档工程处理和文档排版→工程处理更新→产品质量保证和提交项目结束，简化的流程为项目准备→翻译→审校→生产→质量保证→项目收尾。

杨颖波等人（2011）提出的软件本地化流程是评估与准备→抽取资源文件→标识资源文件→检查资源文件→调整用户界面尺寸→编译本地化软件→修正软件缺陷等环节。

本地化翻译只是本地化的一个环节，译前和译后仍需要做很多相关的工作，需要多个部门之间协作，更需专业的本地化工具支持。

按现代项目管理理念，本地化流程为启动阶段→计划阶段→执行阶段→监控阶段→收尾阶段，共五个阶段，每阶段又可分为不同的环节和若干任务。本地化项目千变万化，流程却普遍一致。图 8-7 是本地化项目的一般运作流程，从源语文档到输出本地化后的产品涵盖了十多个环节，同时又涉及项目部、翻译部、工程技术部、排版部、测试部等多部门协作。

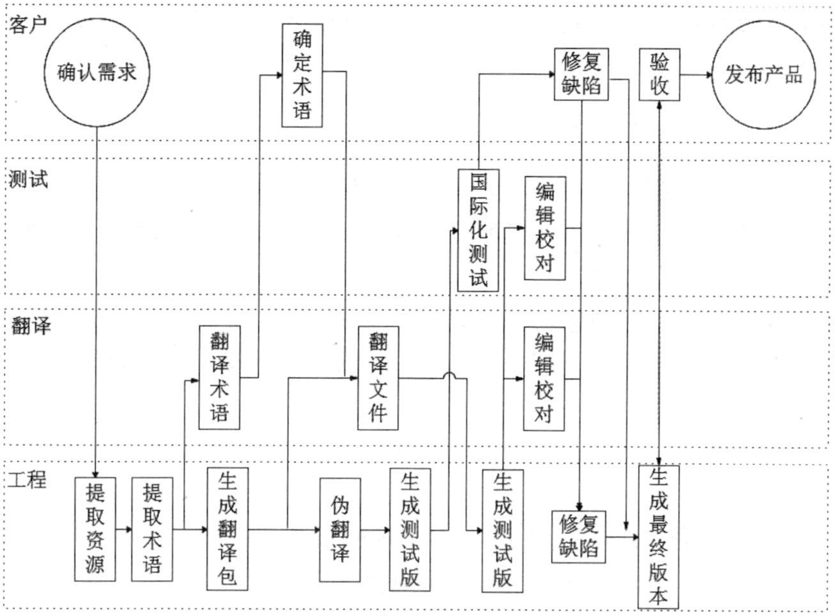

图 8-7　一般本地化流程

崔启亮等人（2011）提出的软件界面本地化简化流程为预处理→翻译 / 编辑 / 校对→后处理→编译构建→修正缺陷，较有代表性，现说明如下（其中，翻译 / 编辑 / 校对与翻译项目相同，此处不做介绍）。

（1）预处理。预处理主要包括抽取资源文件，抽取并重复利用软件 / 文档的本地化资源，生成字数统计内容，生成本地化术语表，生成本地化工具包。

（2）后处理。后处理主要包括配置编译环境（Build Environment），验证本地化过程中的错误（如热键重复、热键丢失、热键不一致、控件重叠等），调整翻译的用户界面的控件位置和大小，编译本地化软件和联机帮助文档，编译构建本地化的软件版本（Build）。

（3）修正缺陷。通过修正软件本地化测试发现和报告的缺陷（Bug），提高软件本地化质量；正确处理软件的本地化缺陷，满足本地化软件发布对缺陷数量和特征的要求。

本地化项目类型繁杂，各有千秋，很少有完全相同的本地化项目。本地化行业处于蓬勃发展期，新型本地化内容层出不穷，本地化企业面临更加激烈的竞争和更加多变的外部环境，技术创新和流程优化成为本地化企业获取竞争优势的重要战略途径。本地化技术的创新推动本地化流程不断优化，诸如 SAP、DELL、IBM 等语言服务大客户已部署全球化管理系统（GMS），实现本地化业务管理、定制化技术与 MS 的整合，大大优化了本地化的工作流程管理。

四、本地化服务角色构成

由于本地化行业本身的特殊关系，各项目中可能涉及的典型活动大体可归纳并抽象出来。较大的项目可能涉及所有的活动，而规模相对较小的项目则可能仅包含一个或几个活动。

本地化项目典型活动包括国际化、本地化工程、桌面出版、语言处理、技术审核、项目管理、质量管理、销售分析、软件测试等，这些活动需要多种角色参与。

根据中国翻译协会发布的本地化业务基本术语，本地化业务流程中通常有以下角色。

（1）本地化服务提供商（Localization Service Provider，Localization Vendor）：提供本地化服务的组织；本地化服务除翻译工作外，还包括本地化工程、本地化测试、本地化桌面排版、质量控制和项目管理等活动。

（2）单语言服务提供商（Single Language Vendor，简称 SLV）：仅提供一种本地化语言服务的个人或组织，可包括兼职人员、团队或公司。

（3）多语言服务提供商（Multi-Language Vendor，简称 MLV）：提供多种语言翻译、本地化服务及各种增值服务的组织，大多数 MLV 在全球拥有多个分公司和合作伙伴。

（4）本地化测试服务提供商（Localization Testing Service Provider，Localization Testing Vendor）：提供本地化测试服务的组织，主要服务是测试本地化软件语言、用户界面及本地化功能等，以保证软件本地化质量合格。

（5）翻译公司（Translation Company）：提供一种或多种语言的翻译服务的组织，主要服务包括笔译和口译。

（6）服务方联系人（Vendor Contact）：服务方面向客户的主要联系人。

（7）客户（Client）：购买本地化服务的组织。

（8）客户方联系人（Client Contact）：客户方面向服务提供商的主要联系人。

（9）客户方项目经理（Client Project Manager）：在客户方组织内负责管理一个或多个本地化或测试项目的人员，通常是客户方项目驱动者和协调者，也是客户方主要联系人之一，负责在指定期限内督促服务提供商按预定时间表和质量标准完成项目。

（10）服务方项目经理（Vendor Project Manager）：本地化服务提供商组织内负责管理一个或多个本地化或测试项目的人员，通常是服务方项目执行者和协调者，也是服务方主要联系人之一，负责在指定期限按客户预定时间表和质量标准完成项目交付。

（11）全球化顾问（Globalization Consultant）：该角色人员负责评估全球化相关战略、技术、流程、方法，并提出实施、优化全球化及本地化工作的详细建议。

（12）国际化工程师（Internationalization Engineer）：在实施产品本地化前，针对国际化或本地化能力支持方面，分析产品设计、审核产品码、进行问题定位、制定解决方案并提供国际化工程支持的人员。

（13）本地化开发工程师（Localization Development Engineer）：从事与本地化相关的开发任务的人员。

（14）本地化测试工程师（Localization Testing Engineer，Localization Quality Assurance Engineer）：负责全面测试本地化后的软件语言、界面布局、产品功能等，以保证产品本地化质量的人员，有时也称为本地化质量保证（QA）工程师。

（15）本地化工程师（Localization Engineer）：从事本地化软件编译、缺陷修正及执行本地化文档前（后）期处理的技术人员。

（16）译员（Translator）：将一种语言翻译成另一种语言的人员。

（17）编辑（Reviewer，Editor）：对照源文件，对译员完成的翻译进行正确性检查，并给予详细反馈的人员。

（18）审校（Proofreader）：对编辑过的翻译内容进行语言可读性和格式正确性检查的人员。

（19）排版工程师（Desktop Publishing Engineer）：排版本地化文档的专业人员。

（20）质检员（QA Specialist）：负责抽样检查和检验译员、编辑、审校、排版工程师等完成任务的质量的人员。

参考文献

[1] 方梦之，庄智象 . 中国翻译家研究［M］. 上海 : 上海外语教育出版社，2017.

[2] 许渊冲 . 文学与翻译［M］. 北京 : 北京大学出版社，2016.

[3] 罗选民 . 翻译与中国现代性［M］. 北京 : 清华大学出版社，2017.

[4] 张慧宇 . 翻译对比及跨文化启示［M］. 北京 : 中国出版集团，2016.

[5] 赵彦春 . 认知语言学 : 批判与应用［M］. 天津 : 南开大学出版社，2014.

[6] 王东 . 科学研究中的隐喻［M］. 广州 : 世界图书出版公司，2016.

[7] 张立新 . 隐喻认知语用研究［M］. 广州 : 世界图书出版公司，2014.

[8] 戴卫平 . 词汇隐喻研究［M］. 广州 : 世界图书出版公司，2014.

[9] 苏立昌 . 英汉概念隐喻比较与外语教学［M］. 天津 : 南开大学出版社，2016.

[10] 侯奕松 . 隐喻研究与英语教学［M］. 北京 : 北京师范大学出版社，2011.

[11] 陈道明 . 认知语言学理论与语言实例［M］. 北京 : 社会科学文献出版社，2016.

[12] 吴世雄，章敏，周运会，等 . 基于语料库的英汉词汇隐喻模式的比较研究［M］. 北京 : 中国社会科学出版社，2016.

[13] 苑春鸣，姜丽 . 商务英语翻译［M］. 北京 : 外语教学与研究出版社，2017.

[14] 徐丹 . 实用商务英语翻译［M］. 北京 : 清华大学出版社，2017.

[15] 姜秋霞 . 实用外事英语翻译［M］. 北京 : 商务印书馆，2015.

[16] 安晓宇 . 跨文化视野下的英汉翻译教学研究［M］. 北京 : 中国水利水电出版社，2015.

[17] 顾宝珠，黄子辉，廉勇 . 跨文化交际翻译［J］. 承德石油高等专科学校学报，2015，17（3）: 72–74.

[18] 王芳 . 跨文化交际翻译中的文化负迁移［J］. 辽宁医学院学报（社会科学版），2015，13（1）: 125–127.

[19] 王鹏 . 探究跨文化交际翻译中的差异与融合［J］. 校园英语，2017（11）: 238.

[20] 王英鹏 . 跨文化传播视阈下的翻译功能研究［M］. 上海 : 上海交通大学出版社，2016.

[21] 熊潇，祝东江 . 跨文化交际视阈下的汉英翻译研究与实践［J］. 汉江师范学院学报，2017，37（3）:77–83.

[22] 杨艳蓉 . 文化差异对跨文化交际翻译的影响［J］. 中国报业，2017（10）:74–75.

[23] 许振辉 . 基于跨文化交际的翻译差异与融合途径［J］. 湖北函授大学学报，2017，30（21）:166–167，170.

[24] 王磊 . 跨文化交际翻译的归化与异化［J］. 现代交际，2017（19）:74.

[25] 高华丽 . 翻译教学研究 : 理论与实践［M］. 杭州 : 浙江大学出版社，2008.

[26] 王春梅 . 简明英汉翻译实用教程［M］. 郑州 : 黄河水利出版社，2008.

[27] 俞利军 . 英语语言文学纵论［M］. 北京 : 对外经济贸易大学出版社，2009.

[28] 吴为善，严慧仙 . 跨文化交际概论［M］. 北京 : 商务印书馆，2009.

[29] 谢天振 . 中西翻译简史［M］. 北京 : 外语教学与研究出版社，2009.

[30] 仲伟合，赵田园 . 中国翻译学科与翻译专业发展研究（1949—2019）［J］. 中国翻译，2020，41（1）:79–86.

[31] 范仲英 . 谈谈中国姓名的英译问题［J］. 中国翻译，1990（5）:38.

后记

不知不觉间，本书的撰写工作已经接近尾声，颇有不舍之情。本书是作者在研究当下英语翻译理论及实践探索现状后，投入大量精力进行数据调研的一部作品，倾注了作者的大量心血，但是想到本书的出版能够为英语翻译理论及实践探究方面提供一定的帮助，为英语翻译理论研究方面做出贡献，作者也颇感欣慰。同时，本书在创作过程中得到了社会各界的广泛支持，作者在此对提供过帮助的人表示深深的感激与感谢！

在本书研究与撰写的过程中，作者一是通过科学的研究，确定了该论题的基本概况，并设计出研究的框架，从整体上确定了论题的走向，随之展开层层论述；二是对英语翻译方面的论述有理有据，先提出问题，再多角度进行解读，进而给出合理化的建议；三是深度解析英语翻译及实践探索方面所遇到的问题，通过各章节鞭辟入里的分析，试图构建关于该方面的系统的研究体系。通过理论与案例分析，作者找到了最具特色的英语翻译方面的问题，使读者能够更为深刻地理解英语翻译理论。

感谢在本书创作过程中给予帮助的多位同僚，他们从翻译史、翻译理论、翻译实践和翻译批评等角度提供了宝贵的意见。因为有了他们的不懈努力、精益求精的专业精神及对作者的鼓励，这本《跨文化背景下英语翻译理论研究与实践探索》才得以成书，呈现在读者面前。文章中难免存在不足之处，希望各位同行及专家不吝赐教。